REENGENHARIA NA
SAÚDE

C449r Champy, Jim.
         Reengenharia na saúde : um manifesto pela revisão radical da atenção à saúde / Jim Champy, Harry Greenspun ; tradução: Francisco Araújo da Costa ; revisão técnica: Dr. Paulo Marcos Senra Souza. – Porto Alegre : Bookman, 2012.
         207 p. : il. ; 21 cm.

         ISBN 978-85-7780-910-3

         1. Administração – Serviços. 2. Saúde. I. Greenspun, Harry. II. Título.

                                                            CDU 658.64

Catalogação na publicação: Ana Paula M. Magnus – CRB 10/2052

JIM CHAMPY
HARRY GREENSPUN

REENGENHARIA NA SAÚDE

UM MANIFESTO PELA REVISÃO RADICAL DA ATENÇÃO À SAÚDE

Tradução:
Francisco Araújo da Costa

Consultoria, supervisão e revisão técnica desta edição:
Dr. Paulo Marcos Senra Souza
Médico e Diretor da Amil

2012

Obra originalmente publicada sob o título
Reengineering Health Care: A Manifesto for Radically Rethinking Health Care Delivery, 1st Edition
ISBN 9780137052653

Copyright © 2010. Todos os direitos reservados.

Tradução autorizada a partir do original em língua inglesa publicado por Pearson Education, Inc., sob o selo FT Press.

Capa: *Rosana Pozzobon (arte sobre capa original)*

Leitura final: *Leonardo Zilio*

Editora sênior: *Arysinha Jacques Affonso*

Projeto e editoração: *Techbooks*

Reservados todos os direitos de publicação, em língua portuguesa, à
ARTMED® EDITORA S.A.
(BOOKMAN® COMPANHIA EDITORA é uma divisão da
ARTMED® EDITORA S. A.)
Av. Jerônimo de Ornelas, 670 – Santana
90040-340 – Porto Alegre – RS
Fone: (51) 3027-7000   Fax: (51) 3027-7070

É proibida a duplicação ou reprodução deste volume, no todo ou em parte, sob quaisquer formas ou por quaisquer meios (eletrônico, mecânico, gravação, fotocópia, distribuição na Web e outros), sem permissão expressa da Editora.

Unidade São Paulo
Av. Embaixador Macedo Soares, 10.735 – Pavilhão 5 – Cond. Espace Center Vila Anastácio – 05095-035 – São Paulo – SP
Fone: (11) 3665-1100   Fax: (11) 3667-1333

SAC 0800 703-3444

IMPRESSO NO BRASIL
PRINTED IN BRAZIL

OS AUTORES

JIM CHAMPY é um dos maiores pensadores do mundo dos negócios. Seu primeiro livro, *Reengenharia: Revolucionando a Empresa*, ajudou a transformar o mundo corporativo. Seus *bestsellers* mundiais também incluem *X-Engineering the Corporation: Reinventing Your Business in the Digital Age; Reengenharia da Gerência;* e *O Limite da Ambição*. Os últimos livros de Champy, *Destaque-se* e *Inspire-se*, analisam o futuro dos negócios na era digital.

Champy é conselheiro de diversas organizações de saúde sobre questões relativas a estratégia e operações. Ele continua a trabalhar no mundo corporativo e é membro do conselho de diversas instituições públicas e privadas.

O DR. HARRY GREENSPUN é diretor médico da Dell Inc., onde oferece uma liderança estratégica associada à perspectiva clínica. Já desempenhou uma série de papéis clínicos e executivos, de forma que desenvolveu uma perspectiva única sobre os desafios e as oportunidades que se encontram nos serviços de saúde. Em 2010, a revista *Modern Healthcare* o escolheu como um dos "50 Médicos Executivos Mais Poderosos da Saúde". Antes de trabalhar na Dell, o Dr. Greenspun foi diretor médico da Northrop Grumman Corporation, enfocando questões de saúde pública, ciências da vida e saúde militar e de veteranos.

Um especialista de renome em políticas de saúde, o Dr. Greenspun aconselhou o Presidente Barack Obama e o Congresso dos Estados Unidos sobre a reforma do sistema de saúde. Ele faz parte do Conselho Consultivo de Saúde Global do Fórum Econômico Mundial, além do conselho de diversas universidades, organizações de saúde e publicações.

O Dr. Greenspun obteve seu diploma de Medicina pela University of Maryland e completou sua residência no Johns Hopkins Hospital, onde foi residente-chefe do Deparatmento de Anestesiologia e de Medicina Intensiva. Como anestesiologista cardíaco, trabalhou em importantes centros médicos universitários, assim como em hospitais da comunidade.

À minha esposa, Lois, que me ensinou tanto; ao meu filho, Adam, que se tornou meu professor; e a todos que cuidam da nossa família.

—JAC

À minha família, por seu apoio; aos meus colegas, por seu ensino; e aos meus pacientes, por sua inspiração.

—HGG

AGRADECIMENTOS

Um livro como este só pode ser escrito em colaboração. Somos gratos a todos que nos ajudaram e desafiaram nesta trajetória. Um agradecimento especial aos editores e pesquisadores talentosos da Wordworks, Inc.: Donna Sammons Carpenter, Maurice Coyle, Ruth Hlavacek, Molly Jones, Larry Martz, Cindy Butler Sammons e Robert Stock. Também agradecemos Helen Rees e Joan Mazmanian, da Helen Rees Literary Agency, por seus conselhos e opiniões, e Barbara Hendra e Danny Stern por sua sabedoria no mundo editorial.

Somos profundamente gratos pelos esforços de nosso editor, Tim Moore, e de todos os seus colegas na Pearson: Amy Neidlinger, Megan Colvin, Julie Phifer, Gary Adair, Lori Lyons, Nonie Ratcliff e Cheryl Lenser. E agradecemos aos nossos grandes assistentes, Dee Dee Haggerty, Judy Bennett e Trina Wellendorf, que mais uma vez nos ajudaram a ser produtivos.

Mas somos gratos acima de tudo aos heróis deste livro, às pessoas que estão mudando a saúde e inspirando outros a fazerem o mesmo. Você logo conhecerá seus nomes e vozes, mas os listamos aqui porque este livro não teria sido possível sem suas coragem, visão e ações:

Enfermeira Catherine Camenga
Florence Chang
Dr. Matt Eisenberg
Debra A. Geihsler
Enfermeira Nan L. Holland
Dr. Thomas W. Knight
Enfermeira Scharmaine Lawson Baker
Enfermeira Maggie Lohnes
Dr. Zeev E. Neuwirth
Dra. Cheryl Pegus

Finalmente, como sempre, somos gratos a nossas famílias, que apoiam no nosso trabalho e cujos cuidados e bem-estar foram mais uma inspiração para este livro.

APRESENTAÇÃO À EDIÇÃO BRASILEIRA

Passaram-se já quase duas décadas da publicação do *best seller Reengenharia*, em que Jim Champy e o co-autor Michael Hammer definem o termo como "o repensar fundamental e redesenho radical dos processos empresariais para alcançar melhorias drásticas em áreas críticas com medidas contemporâneas de desempenho, tais como custo, qualidade, serviço e velocidade." O "fundamental" refere-se a como o trabalho é realizado e às questões básicas que precisam ser resolvidas; "radical" significa ir além das mudanças superficiais na forma como as coisas são feitas; e "dramática" indica que a reengenharia não é sobre o marginal ou as melhorias incrementais e de "processo", mas refere-se a um grupo de atividades que usa um ou mais tipos de entrada para criar uma saída de valor para o cliente.

O atual momento oferece um clima político, econômico e social para um debate amplo sobre metodologia, ações e responsabilidades nas mudanças necessárias para atender as demandas da área da saúde. Neste livro, o mesmo Jim Champy, agora acompanhado de Harry Greenspun, diretor médico da Dell, definem inicialmente as responsabilidades dos orquestradores que podem influenciar as mudanças de forma positiva e direta.

A reengenharia deve ser feita, de acordo com eles, com a participação do principal agente, o médico. Nenhum outro agente pode promover a reforma necessária nos cuidados de saúde, reduzindo custos e melhorando a qualidade. "É hora de todos: médicos, enfermeiros, técnicos, farmacêuticos e paramédicos em geral assumirem seu papel na direção de mudança", dizem os autores.

O livro começa mostrando que a reengenharia não é simplesmente um olhar para questões resolutivas, mas um exame de todo o sistema de execução, de fazer o que tem que ser feito. Os autores colocam o foco na análise de questões sistêmicas e em como resolvê-las de forma abrangente. Eles reconhecem que a reengenharia está focada na mudança fundamental e não simplesmente incremental, e a abordagem tem que ser radical e voltada para áreas que podem gerar resultados disruptivos. Em suma, eles afirmam, "as metodologias e as técnicas podem variar de nome, mas compartilham a mesma ambição de melhoria dramática no desempenho do trabalho, concentrando-se no processo."

Calcados em experiências de outras áreas, eles defendem que a reengenharia deve envolver tecnologia, processos e pessoas a fim de promover a mudança necessária. Tratam de temas como os processos na organização que precisam ser melhorados, critérios a serem considerados nessa decisão e a importância do foco na interação contínua com a "linha de frente" – as pessoas que realmente entregam bons resultados em saúde.

Esse esforço pode ser patrocinado e financiado pela alta administração, mas a análise da causa-raiz e as propostas para a melhoria do processo têm que ser derivadas e aprovadas por aqueles que realmente fazem a entrega dos bons resultados aos pacientes: os profissionais da saúde – médicos, enfermeiros, farmacêuticos e paramédicos em geral.

De leitura fácil e envolvente do começo ao fim, este é um texto bem sucedido em seu objetivo de inspirar e instruir: uma excelente mistura de estudos de caso, com narrativa inspiradora, desafiadora e com foco técnico.

Paulo Marcos Senra Souza

SUMÁRIO

Introdução   17

Capítulo 1   Por que uma Reengenharia na Saúde?   27

Capítulo 2   Apresentando Zeev Neuwirth, Reengenheiro   35

Capítulo 3   Aproveite o Potencial da Tecnologia   65

Capítulo 4   Concentre-se nos Processos   97

Capítulo 5   Lembre-se das Pessoas   133

Capítulo 6   Apresentando Tom Knight, Reengenheiro   157

Capítulo 7   A Caça por Oportunidades de Reengenharia   173

Epílogo   193

Índice   201

INTRODUÇÃO

Imagine um mundo em que a prestação de serviços de saúde é da mais alta qualidade, além de tão eficiente que está ao alcance de qualquer pessoa... e do governo. Hoje, esse mundo parece distante, mas não é por falta de progresso no diagnóstico e tratamento de doenças. A ciência e a tecnologia estão criando novas curas e técnicas a uma velocidade sem precedentes. O mundo que buscamos está longe porque o trabalho de prestar serviços de saúde não acompanhou o ritmo dos avanços científicos e tecnológicos.

Quando consideramos que a maioria da humanidade passa mais da metade do tempo em que está acordada fazendo algo chamado "trabalho", seria de imaginar que somos todos muito bons nisso, não é?

Bem, só pela metade. E a metade que falta explica por que mesmo uma boa parte dos trabalhos mais avançados ainda é tão ineficiente e, logo, ineficaz.

Exemplos não faltam, mas este livro se concentra em um setor e uma vocação que é essencial para o bem-estar de todos: a saúde. Serviços de saúde ineficientes e ineficazes podem custar vidas, além de devorar recursos e dinheiro de indivíduos e países.

> *Serviços de saúde ineficientes e ineficazes podem custar vidas, além de devorar recursos e dinheiro de indivíduos e países.*

Não muito tempo atrás, os profissionais de saúde dos Estados Unidos começaram a enfrentar o problema complexo dos prontuários de pacientes, com uma vasta quantidade de detalhes minuciosos que deveriam ajudar os médicos a diagnosticar doenças e prescrever tratamento. Com muita pompa, hospitais e médicos começaram lentamente a usar computadores para controlar esses prontuários. O avanço foi proclamado como o começo de uma nova era de eficiência e segurança na prestação de serviços de saúde.

Porém, enquanto escrevo este livro, uma equipe de pesquisadores de Harvard, que estudou 3.000 hospitais espalhados pelos Estados Unidos, observou que a adoção de prontuários eletrônicos ainda é pequena. E onde a informatização está sendo utilizada, ela se mostra muito menos benéfica aos pacientes do que era esperado. Na verdade, ela às vezes complica e até prejudica os serviços, pois inunda médicos e enfermeiras com informações que os tiram de perto dos pacientes ao mesmo tempo em que levantam uma série de problemas de privacidade, reais e imaginários. Pouco tempo atrás, ouvi a enfermeira-chefe de um hospital falando sobre o tema em uma reunião de liderança. "Viemos aqui para cuidar dos pacientes", disse ela, "mas agora passamos mais tempo cuidando da papelada e sentados na frente do computador".

Computadores não são o problema. A tecnologia pode, sim, fazer milagres para melhorar a prestação de serviços de saúde. O problema está na aplicação da tecnologia e, em um nível ainda mais fundamental, no modo como a prestação de serviços de saúde está organizada.

A questão crucial de como melhorar o desempenho de trabalho em todos os campos é uma obsessão pessoal há mais de duas décadas. Tudo começou em 1988, quando eu e meu colega, o falecido Michael Hammer, tivemos uma experiência que mudou nossas vidas: visitamos a Toyota. Já sabíamos que a montadora japonesa havia desenvolvido métodos exclusivos que geraram melhorias drásticas nas suas operações. Mas descobrimos algo mais: a Toyota já era muito mais eficiente do que suas concorrentes norte-americanas. (Isso foi muitos anos antes dos infelizes problemas de qualidade enfrentados pela empresa. As falhas recentes nos lembram que mesmo empresas de altíssimo desempenho precisam se manter vigilantes em sua busca por eficiência e eficácia. É uma lição que também se aplica à saúde, como veremos nas próximas páginas.)

Percebemos que, ao contrário da Toyota, muitas grandes empresas haviam deixado que o trabalho ficasse fragmentado, especializado demais e compartimentalizado. Uma seguradora que visitamos levava 24 dias para emitir uma apólice simples, uma tarefa que exigia apenas 10 minutos de trabalho de verdade! Acontece que essa papelada de dez minutos precisava atravessar um labirinto de 17 departamentos, a maior parte dos quais não agregava valor algum ao processo.

Mike e eu éramos engenheiros treinados. Achávamos que o trabalho devia ser uma progressão eficiente de tarefas interconectadas que geravam um produto ou serviço de valor. Queríamos que as empresas fossem administradas como motores bem calibrados, sem falhas, tropeços ou solavancos, ao contrário de tantas que conhecíamos.

Buscávamos uma nova maneira de trabalhar que alcançasse dois objetivos ao mesmo tempo: aumentar a eficiência da empresa e melhorar a qualidade de seus produtos e serviços. Abandonamos a ideia do trabalho como um conjunto de tarefas independentes. Na nossa opinião, tarefas relacionadas deveriam ser combinadas em processos distintos, cada um dos quais produzindo uma saída valiosa. Por exemplo, os departamentos de *marketing* e vendas deveriam deixar de ser independentes e, em vez disso, unir forças em um processo maior, chamado de "aquisição de novos clientes". Da mesma maneira, todos os profissionais envolvidos de alguma maneira com o desenvolvimento de produtos deveriam se juntar com todos os outros desenvolvedores em um único processo, chamado de "lançamento de novos produtos".

Juntos, Mike e eu escrevemos *Reengenharia: Revolucionando a Empresa*. Com muito orgulho e humildade digo que o livro foi traduzido para mais de 20 idiomas. E creio que, hoje, a ideia de redesenhar o trabalho é ainda mais importante e poderosa. Avanços tecnológicos, especialmente a internet e a proliferação de dispositivos móveis inteligentes, permitem que as empresas avancem ainda mais no redesenho do trabalho, alcançando novos níveis de eficiência e desempenho.

REENGENHARIA: UMA RECEITA PARA A PRESTAÇÃO DE SERVIÇOS DE SAÚDE

Há anos, tento entender por que a reengenharia não foi aplicada à saúde em larga escala. Como engenheiro e consultor observando o trabalho de clínicos, vejo uma série de processos de atendimento esperando para serem organizados de modo a maximizar sua eficácia. Em geral, cada processo é distinto, consistindo em atividades específicas e com entradas e saídas bem definidas. Mas esses processos de saúde quase nunca estão estruturados nas sequências mais eficazes possíveis. Na verdade, estão repletos de oportunidades para redesenhá-los de modo a maximizar qualidade, segurança e conveniência e a minimizar os custos dos serviços.

Sim, fizemos avanços incríveis no diagnóstico e tratamento de doenças nos últimos 50 anos. Mas os processos de prestação de serviços de saúde ainda não mudaram o suficiente.

Pouco tempo atrás, em uma reunião com executivos hospitalares, presenciei uma conversa sobre maneiras de melhorar um índice de erros de 2% ao dar os medicamentos corretos aos pacientes. Fiquei assustado: 2%, para um pílula que pode matar? Por que não zero erros? Fiquei ainda mais preocupado quando alguém mencionou que o índice de quase erros estava mais próximo de 11%. Perguntei o que explicava o diferencial de 9%? A resposta: enfermeiras atenciosas que reconheciam a tempo que alguém selecionara o medicamento errado para a condição do paciente. Como algo assim poderia acontecer? Um dos executivos me entregou alguns pedidos anotados à mão por médicos apressados. O clichê sobre a caligrafia dos médicos é verdade. Os pedidos eram ilegíveis.

Muitos hospitais já exigem que os médicos façam todas as receitas por meios eletrônicos, mas esse é apenas o primeiro passo para trabalhar essa tarefa problemática e possivelmente fatal. Um único hospital pode administrar centenas de milhares de dosagens de medicação por ano e, como você lerá neste livro, cada dose administrada pode envolver dezenas de passos. A possibilidade de erro é óbvia, com ou sem dados eletrônicos. A solução é repensar e fazer uma reengenharia do trabalho.

A CULTURA DA SAÚDE

Não seria injusto perguntar se a reengenharia pode mesmo ser aplicada à prestação de serviços de saúde. Afinal, o conceito saiu da administração, enquanto a saúde possui sua própria cultura.

Minha resposta se divide em duas partes: Primeiro, acredito firmemente que a reengenharia pode e deve ser aplicada a qualquer tipo de trabalho, do chão de fábrica à saúde, e até ao processo de escrever um livro. Segundo, reconheço e admiro a cultura da saúde, especialmente na forma como se manifesta na prática clínica. Mais do que "nunca para causar dano", como diz o juramento de Hipócrates, esses profissionais trabalham para usar seu conhecimento para fazer o bem.

Também acredito que os críticos, alguns deles também médicos, podem ser muito severos quando avaliam o modo como a medicina é praticada. "Os médicos simplesmente não pensam assim" foi o que ouvi muitas vezes enquanto entrevistava pessoas para este livro.

Bem, os médicos não são os únicos que têm dificuldade em conceber ou compreender os processos que compõem o seu trabalho. Conheço muitos executivos no mundo dos negócios que ficavam igualmente perdidos quando se tratava de entender o planejamento de trabalhos e processos. E por que não? É uma questão de treinamento, não de cultura. Os médicos, assim como muitos gerentes no passado, foram treinados para cumprir seus deveres de maneira independente, não em equipes. O problema surge porque a prestação de serviços de saúde exige trabalho em equipe.

Mas acredito que os médicos são capazes de mudar o modo como trabalham, assim como seus comportamentos. Vi isso acontecer em muitos ambientes de trabalho em saúde por todo o país. Como mostram os exemplos neste livro, tudo depende de socialização, educação e treinamento.

O forte senso de propósito que caracteriza o trabalho dos clínicos é, na minha opinião, a grande força por trás da reengenharia da saúde. Estou convencido de que os clínicos são orientados por sua missão geral. Eles sempre ouvem com cuidado, reconsideram o modo como estão fazendo seu trabalho e estudam a fundo qualquer mudança que possa ajudá-los a fazerem o bem ainda melhor.

SOBRE HARRY

Sempre soube que precisaria de um especialista para me ajudar a levar a mensagem da reengenharia a clínicos e hospitais. Eu precisaria de um parceiro inteligente, conhecedor da prestação de serviços de saúde e de todas as maneiras como esse tipo especial de trabalho poderia ser redesenhado.

Sou privilegiado por ter o Dr. Harry Greenspun como coautor deste livro. Seu currículo e sua experiência o tornam a ponte ideal entre o mundo dos negócios e a cultura da saúde.

Depois de se formar em Harvard e receber seu diploma de medicina pela University of Maryland, Harry completou sua educação e serviu como residente-chefe no Johns Hopkins. Em seguida, trabalhou como anestesiologista cardíaco em hospitais comunitários e centros médicos acadêmicos. Harry já foi educador e consultor, com especialização em tecnologia da informação e políticas de saúde, e também diretor médico de diversas grandes empresas. No começo da carreira, Harry fundou uma empresa que acompanhava os resultados clínicos de cirurgias cardíacas.

Hoje, Harry é diretor médico na Dell Inc. e membro ativo de diversos fóruns que trabalham na reforma do sistema nacional de saúde. Na Dell, ele se envolve com prestadores de serviços de saúde, incluindo médicos e hospitais, que estão adotando novas tecnologias para melhorar a qualidade dos serviços. Harry leva sua experiência e conhecimento reais à reengenharia da saúde e entende como poucos o custo de oportunidade de ficar parado.

Ao se encontrar com outros médicos, muitos deles homens e mulheres com reputações internacionais de excelência, Harry gosta de perguntar "como sabemos se estamos sendo bons médicos?" Enquanto pensam sobre essa pergunta, os amigos de Harry reconhecem a falta de critérios objetivos. O que Harry quer dizer é que, em quase todo os Estados Unidos e ao redor do mundo, médicos têm poucas maneiras de comparar seu desempenho com os de seus colegas ou com os padrões claros de qualidade.

Em processos judiciais por imperícia, há décadas que as testemunhas estabelecem a ocorrência de uma violação do "padrão de assistência". No entanto, os exemplos de excelência são poucos. Hospitais, clínicas grandes, planos de saúde e sociedades médicas costumam coletar e analisar dados em busca de melhorias de qualidade, mas os resultados quase sempre são desenvolvidos para elevar prestadores de serviço a um padrão mínimo de assistência ou para eliminar casos aberrantes.

Segundo Harry, quando estabelecemos esforços de transparência e relatórios de qualidade rigorosos, os resultados costumam ser esclarecedores. Às vezes, eles até revelam que uma organização supostamente de alta qualidade é apenas medíocre, um imperador sem roupas, por assim dizer.

Como médico, o próprio Harry sempre tenta praticar a boa medicina, mas seu histórico se baseava no que ele considerava maus indicadores: referências de amigos e pedidos de cirurgiões para que ele ajudasse em casos particularmente difíceis. Mas ele diz que nunca soube com certeza se era mesmo um anestesiologista brilhante, ou se era apenas mediano ou sortudo, mas também um profissional com quem era fácil trabalhar e que sabia lidar com os pacientes.

Harry determinou que, se aceitamos que os médicos estão praticando medicina sem saber se estão mesmo fazendo um bom trabalho (e sabemos pelos exemplos destacados neste livro que os médicos são capazes de trabalhar em níveis muito mais elevados de segurança, eficiência e eficácia), o resultado é uma imagem perturbadora: no nosso estado atual, os médicos podem estar praticando um nível de medicina inferior a de seus colegas e, pior ainda, níveis muito abaixo do que seu próprio potencial permitiria.

Indivíduos e organizações que reclamam dos aborrecimentos, despesas e transtornos causados pelo início de um esforço de reengenharia deveriam considerar os custos de oportunidade. O atraso vale o prejuízo para pacientes, práticas e colegas? Harry e eu não temos dúvida de que a resposta é "não". E ambos concordamos que a reengenharia representa uma oportunidade para os médicos alcançarem o nível de serviços ao qual pretendem.

Com este livro, você vai descobrir que a reengenharia da saúde exigirá mudanças ao trabalho realizado e também a padrões tradicionais de comportamento. No desejo de conquistar e prender sua atenção, Harry e eu podemos levantar nossas vozes de vez em quando. Mas isso sempre acontece com máximo respeito a todos que estão na linha de frente da prestação de serviços de saúde. Apresentaremos exemplos retirados de organizações de todos os tamanhos, algumas muito famosas. Esperamos que nossos esforços tragam uma contribuição relevante para o seu trabalho.

— *Jim Champy*

CAPÍTULO 1

POR QUE UMA REENGENHARIA NA SAÚDE?

A saúde é cara demais e tem resultados de menos por um motivo muito forte: ela é de uma ineficiência tremenda. E por ser ineficiente, os problemas de qualidade se multiplicam.

Algumas pessoas acham que aumentar a eficiência na saúde é simplesmente uma questão de fazer que os médicos atendam mais pacientes por hora. Nossa visão é diferente. Nestas páginas, apresentamos as histórias de pessoas e organizações engenhosas, grandes e pequenas, que descobriram maneiras melhores de trabalhar. Elas reduziram as tensões e melhoraram a comunicação entre os membros da equipe médica, levando a melhorias gigantescas no seu desempenho. Elas repriorizaram o dia do médico, deixando mais tempo para pacientes. Envolveram os pacientes com um ciclo completo de cuidados médicos em um sistema fragmentado. E tornaram a prestação de serviços mais segura.

O que todos esses pioneiros têm em comum é uma abordagem ao seu trabalho conhecida como reengenharia, termo que entrou no vocabulário do mundo dos negócios depois da publicação de *Reengenharia: Revolucionando a Empresa*, em 1993. O livro deu origem a um grande movimento que enfoca melhorias no modo como o trabalho é realizado nas empresas. Basicamente, a reengenharia vê o trabalho não como uma série de tarefas distintas a serem otimizadas individualmente, mas como agrupamentos de processos interconectados a serem reavaliados e reinventados em seu todo.

O livro definia a reengenharia formalmente como "o repensar básico e o reprojeto radical de processos de negócios para ocasionar melhorias drásticas no desempenho, tais como custos, qualidade, serviço e velocidade". Quatro palavras são o segredo da reengenharia: básico, radical, drástico e processo.

Básico se refere ao modo como o trabalho é realizado e às questões elementares que precisam ser feitas: os pressupostos fundamentais sobre o projeto do trabalho ainda são válidos? Os avanços na ciência e tecnologia permitem que o trabalho seja realizado de maneiras novas e mais eficazes?

Radical significa ir além de mudanças superficiais no modo como as coisas são feitas. Você precisa questionar se as velhas estruturas e pressupostos operacionais estão prejudicando a qualidade e o serviço oferecidos por sua empresa. É preciso voltar às raízes originais e repensar como o trabalho deve ser realizado?

Drástico diz que a reengenharia não trata de melhorias marginais ou incrementais. Às vezes, uma empresa (ou todo um setor da economia) precisa de algo maior do que mudar aos poucos. A sua organização chegou a um ponto em que sua sobrevivência ou eficácia estão ameaçadas de tal maneira que uma mudança completa é a única saída?

Finalmente, processo se refere a um grupo de atividades que usa um ou mais tipos de entradas para criar uma saída valorizada pelo cliente. Na saúde, o cliente pode ser um paciente, um clínico ou a entidade que paga pelos serviços.

Nos últimos 20 anos, as empresas dependeram da reengenharia, ou de pensamentos semelhantes a ela, para produzir sucesso. Empresas tão diferentes quanto a Texas Instruments, a Campbell Soup e o Walmart realizaram reengenharia. As metodologias e técnicas podem mudar de nome, mas todas compartilham da mesma ambição por melhorias drásticas no desempenho do trabalho por meio do foco no processo.

Os observadores do mundo da saúde concordam que existe um forte argumento em favor de melhorias radicais e mudanças drásticas na prestação de serviços. Assim, para os propósitos deste livro, sugerimos uma definição mais apropriada de reengenharia: a melhoria radical dos processos de prestação de serviços de saúde com o objetivo de aumentar a qualidade e gerar reduções drásticas de custos, ao mesmo tempo que se expande significativamente a acessibilidade dos pacientes a serviços melhorados.

Essa definição deixa implícita nossa crença de que uma prestação mais eficiente e segura de serviços levará automaticamente a custos muito reduzidos. Mais ainda, sem a reengenharia, não conseguimos imaginar como qualquer economia seria capaz de pagar por serviços de saúde para todos os seus cidadãos.

A reengenharia precisa ser realizada, e são os clínicos que devem realizá-la. Nenhum anjo do governo, mesmo sob os auspícios de uma "reforma do sistema de saúde nacional", pode reduzir os custos e melhorar a qualidade da saúde sem o trabalho e a liderança dos clínicos. Chegou a hora dos clínicos (médicos, enfermeiras, técnicos, assistentes médicos e farmacêuticos) assumirem o papel que lhes cabe em direcionar as mudanças ao sistema.

A reengenharia precisa ser realizada, e são os clínicos que devem realizá-la. Nenhum anjo do governo, mesmo sob os auspícios de uma "reforma do sistema de saúde nacional", pode reduzir os custos e melhorar a qualidade da saúde sem o trabalho e a liderança dos clínicos.

Em geral, os serviços de saúde evitaram tanto os rigores quanto as recompensas da reengenharia. Mas essa situação não tem por que continuar. A saúde está pronta para a reengenharia, e tudo aponta para a adoção desses princípios em alguns segmentos da prática médica.

MUDANÇAS DRÁSTICAS SÃO POSSÍVEIS

Gostaria de apresentar o Geisinger Health System, uma rede de três hospitais e uma seguradora sediada em Danville, no estado da Pensilvânia, com 93 anos de história. O Geisinger recrutou seu diretor executivo, o Dr. Glenn Steele, um cirurgião e oncologista, dentre os professores de medicina da Universidade de Chicago. Antes de muitas instituições de saúde, o Geisinger estava aberto a mudanças, e ter seus próprios hospitais e plano de saúde o tornava ideal para experimentos controlados com um conceito de reengenharia que hoje é conhecido como ProvenCare.

O problema era a enorme variação em serviços que surge quando dividimos a responsabilidade pelo paciente entre diversos especialistas. Como os médicos usam diversos protocolos e têm níveis variados de capacidade de comunicação, os resultados dos pacientes eram imprevisíveis. As variações aumentavam as recaídas, que, por sua vez, causavam mais readmissões e elevavam os custos dos pacientes.

A começar pela cirurgia de revascularização miocárdica, um procedimento comum e muito estudado, com processos repetíveis e refináveis, Steele e sete cirurgiões cardiotorácicos se concentraram em como resolver o problema da variação nos serviços. Eles decidiram que o primeiro passo seria considerar a revascularização como um processo, e depois desenvolver uma lista mestra de 40 passos essenciais no tratamento do paciente, desde a visita inicial até a alta. Os passos de tratamento individuais eram, é claro, bem conhecidos. A novidade era a maneira inovadora com a qual Steele e sua equipe decidiram trabalhar cada passo, como parte de um processo maior, e garantir que todos seriam realizados todas as vezes.

Para que isso se torne realidade, o ProvenCare dá bonificações a médicos que seguem o procedimento estabelecido e documentado. Quem vê bons motivos para pular um passo (poucos o fazem) deve explicar o porquê na ficha do paciente. O objetivo final é confirmar que nenhum passo foi esquecido, quer tenha sido aplicado ou não.

Os estudos preliminares mostram que o programa de cirurgia de revascularização miocárdica do ProvenCare reduz os tempos de estadia hospitalar, as contas dos pacientes e os índices de readmissão. Hoje, o Geisinger aplica a abordagem a outros procedimentos, incluindo substituição de bacia, cirurgia de catarata e gerenciamento do diabetes.

Apesar de não haver dúvida de que o uso meticuloso de listas de verificação bem desenhadas pode e, de fato, consegue melhorar a qualidade dos serviços de saúde prestados, essa não é a única faceta de tudo que é necessário para realizar uma reengenharia completa da saúde. Os avanços que citamos nas próximas páginas, aliados a nossas análises e comentários, foram organizados para exemplificar as três pedras fundamentais da nossa abordagem: tecnologias, processos e pessoas. Analisaremos um de cada vez.

- *Tecnologias*. Em qualquer empreendimento científico, os desenvolvimentos tecnológicos oferecem oportunidades diárias de redesenhar o trabalho. Você considera automaticamente soluções tecnológicas para os problemas que enfrenta na prestação de serviços de saúde? Está monitorando novas tecnologias em busca de desenvolvimentos que poderiam melhorar o desempenho de seu hospital ou de sua clínica? Como encontra novas tecnologias que se integrariam com seu sistema total para funcionar com mais eficiência? Você está fazendo o suficiente para reduzir os riscos? Está preparado para instalar os melhores sistemas disponíveis para permitir comunicações seguras e confiáveis entre médicos, enfermeiras e administradores, e garantir que se encaixem com o trabalho redesenhado da sua organização? O quanto você já avançou no desenvolvimento de prontuários eletrônicos do paciente?

- *Processos*. Não importa se novas tecnologias são ou não aplicadas, a melhor maneira de enxergar o trabalho de uma organização é como um conjunto de processos. Qual a melhor técnica para determinar que processos precisam de melhorias? Depois de identificados, como desenvolver uma estratégia para obter os resultados que você deseja? Como o trabalho deve ser reordenado? Que funcionários de linha de frente, ou seja, enfermeiras, equipe administrativa, médicos, devem desempenhar quais funções? Como e a quem as mudanças devem ser introduzidas? E como devem ser executadas, em sequência ou simultaneamente?

- *Pessoas.* Nenhum processo pode funcionar corretamente sem pessoas treinadas para executá-los enquanto equipes. As relações existentes dentro da sua organização ajudam ou atrapalham os altos níveis de desempenho? Que programas são necessários para preparar médicos e enfermeiras para as mudanças? Você está aberto a ouvir críticas sobre os novos métodos e apoiar inovações criadas para se adaptarem ao mundo real? Em hospitais e clínicas, como desenvolver líderes que irão aceitar, fortalecer e manter os novos padrões?

Obviamente, pessoas, processos e tecnologias não existem no vácuo. As interfaces entre eles pode aprimorar ou prejudicar o desempenho geral da organização, assim como o resultado final e a experiência do paciente.

Mas antes de começarmos a fazer descrições detalhadas de programas pioneiros centrados em tecnologias, processos e pessoas, vamos conhecer um praticante da reforma da saúde cujas conquistas de reengenharia integram todas as três abordagens. O Capítulo 2 conta a história de Zeev Neuwirth, um dos inovadores mais persistentes e produtivos dos Estados Unidos no campo da prestação de serviços de saúde.

CAPÍTULO 2

APRESENTANDO ZEEV NEUWIRTH, REENGENHEIRO

Quando se tornou médico, Zeev Neuwirth não pensava em curar o sistema de prestação de serviços de saúde. Ele estudou na School of Medicine da University of Pennsylvania e realizou seu estágio interno e residência em medicina interna no Mount Sinai Medical Center, em Nova York. Quase no fim da sua residência, em 1989, Neuwirth decidiu adicionar uma subespecialidade em cardiologia. Porém, com os empréstimos estudantis se acumulando, ele interrompeu sua *fellowship* e aceitou um emprego como médico atendente no Veterans Administration Hospital, no Bronx. Lá, sua carreira deu uma guinada crítica quando ficou fascinado pelo modo como os médicos tratavam os pacientes: não tanto pela maneira como os tratavam como casos médicos, mas, sim, como pessoas. Foi o começo de uma jornada que o levou a abandonar o estudo da cardiologia e a pesquisar a prestação de serviços de saúde em hospitais e consultórios médicos.

Escolhido para gerenciar o departamento de atendimento ambulatorial, Neuwirth ficou abismado ao descobrir que ninguém ouvia ninguém. A equipe médica não ouvia os pacientes e suas famílias. Os pacientes viam os médicos como grosseiros, arrogantes e antipáticos. Enquanto isso, os médicos se sentiam incompreendidos e desrespeitados pela administração, e toda a equipe médica pensava que ninguém prestava atenção nela.

Outro problema enorme para os médicos era a preocupação constante com a possibilidade de serem processados por pacientes que fumavam, comiam mal, nunca se exercitavam, não tomavam seus medicamentos e não apareciam nas consultas, mas ainda esperavam milagres da medicina. Em geral, médicos, enfermeiras e outros membros da equipe estavam exaustos, sobrecarregados e calejados.

Neuwirth começou a enfocar a comunicação entre médicos e pacientes, buscando soluções além da literatura médica e dando palestras para a comunidade médica. Seu trabalho chamou a atenção em nível nacional: em 1993, a revista *Forbes* escreveu sobre as mudanças no sistema do Veterans Administration (VA). Alguns anos depois, Neuwirth se juntou a uma equipe que usou a plataforma do VA para lançar o primeiro programa nacional de melhoria da comunicação entre médicos e pacientes.

A seguir, na segunda metade da década, a perspectiva de Neuwirth mudou. Suas palestras o levaram a concluir que a má comunicação era apenas um aspecto de um problema muito maior. "Percebi que o médico e o paciente não eram as únicas pessoas envolvidas na prestação de serviços de saúde", Neuwirth nos contou em uma entrevista. "Eu fui treinado para acreditar que o médico fazia medicina e todos os outros eram coadjuvantes".

"Todavia, observando interações clínicas, descobri que essa visão estava errada. Havia todo um sistema, incluindo enfermeiras, assistentes médicos, assistentes clínicos, secretárias, técnicos, recepcionistas, administradores e, é claro, o paciente e sua família. E a assistência ao paciente, ou seja, toda a experiência do paciente, do ponto de vista de qualidade, segurança e um tratamento digno e respeitoso, bem, ela dependia de um sistema que funcionasse direito. Mas o sistema estava cheio de problemas". Ele concluiu que seria preciso entender o sistema antes que fosse possível consertá-lo.

Para ter esse entendimento, Neuwirth embarcou em uma odisseia que mostra tudo o que está errado com o sistema, mas ao mesmo tempo oferece alguns bons exemplos de reparos com muito potencial.

Suas soluções usam tecnologia, mas se concentram principalmente nas outras duas pedras fundamentais da equação da reengenharia: o processo e as pessoas. A tecnologia "não é minha parte favorita", diz ele. "Nada tenho contra ela, mas não é meu ponto de partida".

"Minha definição de inovação se concentra em entender necessidades – as necessidades dos pacientes, das suas famílias e dos prestadores de serviços de saúde – e criar soluções práticas, orientadas ao paciente, mais eficazes, menos caras e mais fáceis de usar. Usar tecnologia para chegar a esse ponto não é o que importa. Precisamos de um ciclo completo de cuidados médicos, um processo coordenado e integrado que ouve o paciente e o profissional. Em vez disso, o que quase sempre vemos é mais tecnologia agregada ao velho paradigma da medicina feita aos pouquinhos".

Nascido em Israel e criado em Nova Jérsei, Neuwirth se formou na Tufts University com distinção *summa cum laude* e Phi Beta Kappa em 1983. Ele decidiu se tornar médico não pelo prestígio ou pelo dinheiro, mas, sim, para que pudesse passar seu tempo interagindo com outras pessoas e aplicando a ciência. Ele diz que atravessou todo o treinamento médico na University of Pennsylvania e no Mount Sinai "sem viver a vida de verdade", uma omissão que logo corrigiu quando se tornou responsável por cuidados primários no VA, no Bronx. Depois de começar a adotar uma visão sistêmica da saúde, ele se matriculou no famoso Ackerman Institute for the Family, em Manhattan, onde passou quatro anos estudando sistemas humanos e construção de equipes, durante a noite e nos fins de semana. Depois de sair do Ackerman, Neuwirth estudou terapia de grupo, com foco em liderança e organização comunitária.

Depois de sair do Bronx e do VA, Neuwirth foi trabalhar no Lenox Hill Hospital, localizado no Upper East Side de Manhattan, como parte da equipe permanente do corpo docente de treinamento de residência em Medicina Interna. Ele logo começou a trabalhar com equipes de residentes para mudar o modo como interagiam com os pacientes. O pronto-socorro (PS), em especial, tinha péssimas avaliações de satisfação do paciente e estava entre os 30% piores entre todos os prontos-socorros nacionais. Neuwirth usou suas habilidades de terapia de grupo para ajudar a mudar a cultura do PS.

"Ninguém precisava de uma pesquisa de satisfação do paciente para ver que o PS estava em apuros", diz Neuwirth. "Dava para sentir a tensão", e o problema não era assistência ao paciente, mas, sim, o modo como a equipe interagia entre si e com as pessoas de fora do hospital. "Havia facções, brigas internas e traições", diz Neuwirth, em um ambiente frio e muito hostil que se estendia a outros departamentos do hospital. "Ninguém falava com ninguém, então não era difícil entender como os erros surgiam. A falta de confiança e respeito estava claramente afetando a assistência ao paciente".

Apesar do chefe de medicina interna ter enviado Neuwirth para ver o que ele podia fazer para consertar os problemas do pronto-socorro, o diretor do PS não estava facilitando sua vida. "Você não pode tirar as pessoas do trabalho", disse ele a Neuwirth, quando este sugeriu alguns exercícios de construção de equipes. "O pronto-socorro precisa deles. E quando não estão trabalhando, você também não pode pedir que cheguem antes ou fiquem depois do horário".

Finalmente, Neuwirth conseguiu que o diretor concordasse em deixá-lo conversar com uma pessoa durante uma hora. "Quero alguém que não trabalha direito com os outros", disse ele. Por acaso, era um clínico que também tinha uma função administrativa. Neuwirth se reuniu com o funcionário no dia seguinte, em uma sala vazia nos fundos do PS. "Comecei dizendo que não era do departamento de recursos humanos e que a situação nada tinha a ver com ele pessoalmente. Eu disse para ele: Estamos tentando resolver alguns problemas no PS e decidi começar por você, porque me disseram que tem uma função importante aqui e que, segundo o diretor, você está tendo algumas dificuldades'".

Por causa do seu treinamento em psicologia, Neuwirth sabia que a pessoa escolhida (nesse caso, o homem que "não trabalhava direito com os outros") costuma ser alguém que está manifestando um problema muito comum. E em qualquer sistema, os problemas costumam não ser do indivíduo, mas, sim, dos processos e estruturas subjacentes.

"Fiz que falasse um pouco sobre si mesmo", Neuwirth nos contou. "De onde veio, sua infância difícil, como trabalhou muito para conseguir estudar e se tornar assistente médico. Ele tinha muito orgulho das suas conquistas e do trabalho que estava fazendo. Ache-o uma pessoa muito honesta, com bons valores e boas intenções, mas frustrado com os obstáculos administrativos do pronto-socorro. Expliquei que estava tentando ajudar o PS e que sempre tive a mesma frustração com burocracias."

Depois de formar um laço com o clínico, Neuwirth pediu que ele descrevesse o que estava dando certo no PS. "É uma técnica de terapia familiar", ele explicou. "Uma abordagem de 'exceção à regra', que tira o foco do lado negativo e abre caminho para pensar em aspirações e para mudanças positivas." A essa altura, o clínico começou a descrever uma situação em que todos os membros do PS tinham sido perfeitos, quando um paciente chegou com dores no peito.

O clínico atendera o chamado antes do tempo e imediatamente reuniu uma equipe de cardiologia para ajudar o paciente quando chegasse ao hospital. A transferência foi brilhante, disse ele, com enfermeiras, médicos, assistentes e todos os equipamentos certos preparados e funcionando como esperado. O cateter intravenoso foi inserido e o monitor de ECG ligado, o cardiologista fez um diagnóstico e receitou o medicamento certo, a sala de cirurgia foi avisada e a equipe cirúrgica começou a se preparar. O clínico descreveu a situação para Neuwirth com estas palavras: "Estava dando tudo certo, tudo estava fluindo. Ninguém sequer precisava falar. E é assim que deveria ser o tempo todo."

"Ouvi-lo falar era quase como assistir a um filme, no qual tudo começa mal, e depois chega uma parte em que a música começa a aumentar", disse Neuwirth. "E eu disse ao clínico que estava me sentindo melhor sobre o PS depois de ouvir aquela história, e acho que deve ter um jeito de fazer esse tipo de experiência acontecer mais vezes." Ele respondeu, "é, agora que estamos falando disso, aposto que tem mesmo". Sugeri que ele conversasse com o diretor sobre o que poderia ser feito para melhorar a situação.

"Mas a primeira coisa que quero que você faça, eu disse, é passar isso adiante. Minha hora acabou, mas você pode pegar outro membro do PS e trazer para esta mesma sala e repetir o que acabamos de fazer. Pergunte sobre a vida da pessoa e como ela veio parar aqui no PS, passe alguns minutos ouvindo as suas reclamações e, depois, pergunte sobre alguma vez que as coisas funcionaram muito bem para um paciente. Faça como fizemos agora, peça uma história completa, passo a passo. Depois, quero que você peça para essa pessoa passar o jogo adiante para mais outra, e siga em frente até que pelo menos doze pessoas estejam envolvidas."

A intervenção de Neuwirth não passou disso, mas ele nos conta que ela começou uma "sequência de diálogos aspiracionais entre a equipe do Pronto-Socorro". Alguns dias depois, ele voltou ao PS. O diretor o chamou para perguntar o que tinha feito com o clínico problemático. "Ele mudou da água para o vinho. Está positivo, bem informado e agindo como o homem responsável pela situação (ele era). O trabalho está ótimo, e as pessoas estão tendo uma resposta maravilhosa, falando sobre ideias de melhoria".

Cerca de um mês depois, Neuwirth estava trabalhando no PS, internando um paciente no setor médico. "O clima era tão diferente que quase dava para sentir, como uma mudança de temperatura", conta. Em alguns meses, os índices de satisfação do paciente no Pronto-Socorro saltaram dos 30% piores para os 30% melhores.

APRENDENDO UMA NOVA LÍNGUA

"Alguém me disse que estava trabalhando com desenvolvimento organizacional", lembra Zeev. "E eu não sabia o que era isso. Então achei que era melhor descobrir."

Neuwirth começou a ler sobre o assunto. Se os métodos faziam sentido, ele os aplicava na prática. Neuwirth ficou especialmente interessado pela obra de Robert Fritz, um consultor organizacional conhecido no mundo todo, que o ensinou sobre o poder do processo criativo e a importância de pensamentos orientados a resultados, em oposição à abordagem oscilante e reacionária da solução de problemas, muito implementada pelas organizações.

Durante os anos seguintes, Neuwirth acrescentou organização comunitária, movimentos sociais e liderança a seu programa de autoeducação, estudando até técnicas de improvisação para entender melhor os diálogos colaborativos no ambiente de trabalho. Ele também começou a prestar consultoria a grupos de saúde ao redor do país, compartilhando tudo que aprendera.

Neuwirth deixou o Lenox Hill em 2003 e se mudou para Boston com a esposa, a também médica Lisa Davidson, que aceitara uma *fellowship* em doenças infecciosas em um hospital universitário da cidade. Neuwirth se matriculou no programa de mestrado em gestão de serviços de saúde da Harvard School of Public Health.

"Eu precisava aprender a língua que os administradores estavam falando", conta. "No passado, sempre que procurava os altos executivos do hospital com ideias sobre como mudar e melhorar a prestação de serviços de saúde, eles meio que me davam um tapinha nas costas e diziam que deveria me concentrar na medicina e no ensino e deixar a administração do hospital para eles. Eu não era levado a sério porque não falava a mesma língua".

Durante seus dois anos estudando administração, Neuwirth continuou a prestar consultoria para diversas organizações de saúde, com especialização em planejamento estratégico, construção de equipes e desenvolvimento da liderança. Em 2005, ele entrou para a Harvard Vanguard Medical Associates, um grupo inovador e progressista de serviços de saúde que havia nascido de uma relação anterior com a Harvard Medical School e se transformara em uma clínica com 600 médicos. Neuwirth se tornou Chefe de Medicina Interna no Kenmore Center, no centro de Boston, uma das 18 sedes do grupo. Nos primeiros meses nesse novo emprego, Neuwirth entrevistou pessoalmente toda a equipe de medicina interna do Kenmore, um grupo de quase 80 pessoas.

"Eu sentei com um caderno", lembra Neuwirth, "e disse a cada um que daria a ele uma hora, sozinho comigo, e que queria ouvir a verdade sobre como estavam e o que achavam da assistência ao paciente na clínica". Ele garantiu a todos que poderiam falar livremente, sem medo de represálias, e jurou que seu único objetivo era melhorar a situação. "A parte da segurança era essencial", diz ele. "Se eu sentisse que alguém estava escondendo alguma coisa porque estava nervoso quanto a esse aspecto, eu chamava a pessoa para uma segunda hora, fechava a porta e apenas ouvia o que tinha a dizer".

Neuwirth ficou chocado com o que ouviu. Os funcionários do baixo escalão contaram que se sentiam desrespeitados desde o momento que se juntaram à clínica. As emoções eram tão intensas que algumas pessoas chegavam a chorar durante as entrevistas. Neuwirth descreveu assim a situação: "As enfermeiras não falavam com os assistentes médicos, que não falavam com os assistentes clínicos, que não falavam com as secretárias médicas. Todos acusavam todos os outros." O sistema tinha um defeito grave, em parte porque a equação das pessoas estava desequilibrada. O Kenmore Center não era muito diferente da situação em outros lugares no qual havia trabalhado ou prestado consultoria. Ainda assim, era desanimadora.

> *Os funcionários do baixo escalão contaram que se sentiam desrespeitados desde o momento que se juntaram à clínica. As emoções eram tão intensas que algumas pessoas chegavam a chorar durante as entrevistas.*

Para começar a corrigir a situação, Neuwirth trabalhou para formar uma equipe mais progressista e bem integrada no Kenmore Center, uma equipe que pudesse liderar o contra-ataque. Ele também estabeleceu uma forte relação de coorientação com o administrador sênior do Kenmore, Michael Knosp. Trabalhando com Knosp e o resto da sua equipe (David Meenan, Noelle Lawler, Joanne Svenson, Dagmar Eglitis e Jennifer Whitworth), Neuwirth começou a mudar a cultura do departamento de medicina interna.

O primeiro passo foi dividir todos de acordo com suas disciplinas e equipes clínicas. A seguir, convidou cada grupo para uma reunião, uma pizza no horário do almoço, na qual instigava as facções inimigas a fazerem perguntas umas para as outras. "Quais os principais problemas que vocês estão enfrentando?" ou "O que posso fazer para ajudá-los?". Neuwirth tinha apenas duas regras. Primeiro, todos os participantes teriam a oportunidade de falar sem interrupções. Segundo, todos eram obrigados a fazer perguntas uns aos outros antes de poder oferecer réplicas ou comentários.

AS PESSOAS SÃO ESSENCIAIS PARA O PROCESSO

Como era de imaginar, a equipe do Kenmore não estava acostumada com esse tipo de conversa. Passando aos poucos da dúvida para o interesse, os colegas de Neuwirth começaram a se abrir. "Eles nunca haviam ouvido as perspectivas alheias antes", diz ele. "Por conta própria, eles começaram a conversar e trabalhar juntos de maneiras muito diferentes." Um ano depois de Neuwirth chegar, a equipe de medicina interna do Kenmore passou dos piores índices de satisfação do paciente para um dos melhores.

Segundo Neuwirth, a insatisfação dos pacientes costuma ser trabalhada com palestras sobre melhorias nas comunicações ou algum outro tipo de programa de atendimento ao cliente. "Nós nos concentramos em simplesmente criar respeito e dignidade entre a equipe", diz ele, "e isso bastou para criar um ambiente muito mais digno e respeitoso para os pacientes".

Na reengenharia, o foco quase sempre está nos fluxos de trabalho técnicos e no processo de mudança em si, o que significa lançar mão de gráficos de gerenciamento de projetos, estudos de tempo e fluxogramas. Neste caso, o processo de atender os pacientes estava quebrado, em grande parte, devido aos problemas de relacionamento da equipe de medicina interna. Ao abordar o problema sem preconceitos sobre como resolvê-lo, Neuwirth logo enxergou que as pessoas eram a resposta. Ele desenvolveu uma maneira de melhorar a comunicação e os relacionamentos, gerando, assim, melhorias drásticas em desempenho de processos.

O alicerce da melhoria da satisfação do paciente fora criada antes de Neuwirth chegar à Harvard Vanguard, quando diversos líderes clínicos e administrativos adotaram essa causa. Um componente importante dessa iniciativa foi a formação de equipes clínicas muito unidas, cujo objetivo era melhorar o relacionamento entre pacientes e médicos, mas também apoiar o médico na prestação de cuidados agudos, preventivos e crônicos. Cada médico trabalhava com um assistente médico treinado e licenciado para tratar pacientes sob a supervisão do primeiro, uma enfermeira, um assistente clínico designado e uma secretária médica.

Neuwirth ficou impressionado com o conceito de equipes centradas no paciente e também com as equipes em si. Porém, durante suas entrevistas iniciais, Neuwirth ouviu várias reclamações sobre o modo como os médicos tratavam suas equipes, além de algumas reclamações dos próprios médicos. Um deles, por exemplo, descreveu sua secretária médica como "uma idiota". Quando Neuwirth falou com ela, descobriu que a profissional tinha mestrado em literatura inglesa e que escrevia e falava fluentemente cinco idiomas.

Neuwirth percebeu que o envolvimento dos médicos era crítico, pois uma parte importante do processo de melhorar a assistência aos pacientes dependia deles. "Os médicos devem liderar o grupo", diz Neuwirth, pois toda a equipe médica gira em torno do trabalho do clínico que atende o paciente. Mas os médicos mostravam pouco interesse no que interpretavam como apenas mais um esforço administrativo de reorganização, ameaçando arruinar as iniciativas voltadas para a equipe.

Para envolver os médicos, Neuwirth escolheu se concentrar no seu desempenho enquanto líderes e levantou dados entre as equipes clínicas para sustentar sua tese. "A única maneira deles aprenderem e se desenvolver é dar algum *feedback* sobre o seu desempenho enquanto líderes das equipes clínicas", ele disse aos funcionários. "E o melhor *feedback* vai vir de vocês, que trabalham com os médicos no dia a dia."

Neuwirth recrutou cerca de 12 pessoas – enfermeiras, secretárias médicas, técnicos, assistentes médicos – para ajudá-lo a desenvolver uma pequisa sobre a liderança dos médicos, com perguntas que seriam respondidas pelos outros membros da equipe. "Quem melhor do que as pessoas que trabalham lado a lado com os médicos?", raciocinou Neuwirth. "Ninguém conhece as situações e problemas que a equipe enfrenta tão bem quanto a própria equipe." Neuwirth apresentou o conceito como uma maneira de apoiar médicos-líderes e ajudá-los a melhorar a assistência ao paciente. Ele pediu ao grupo que anotasse em pedacinhos de papel adesivo o que os médicos-líderes deveriam estar fazendo bem e o que não estavam fazendo bem. Depois de dividir os cerca de 100 papeizinhos em seis categorias, cada uma foi resumida a cinco perguntas.

A seguir, Neuwirth reuniu todos os membros das equipes lideradas por médicos e anunciou que participariam de uma pesquisa anual sobre o comportamento desses médicos. Ele deu a cada grupo uma lista de 30 perguntas que avaliava como os médicos tratavam os membros das suas equipes e seus pacientes em termos de flexibilidade, acompanhamento, habilidades gerenciais, comunicação, orientação ao cliente, preparação, etc. "Basicamente", disse Neuwirth, "o exercício se transformou em uma pesquisa com seis temas. Nós simplesmente incluímos uma escala Likert e distribuímos para as seis ou sete pessoas com quem cada médico trabalhava diariamente". Os médicos receberam *feedback* anônimo e quantitativo, que poderia ser acompanhado durante longos períodos de tempo e permitia comparação entre pares.

"Geramos uma avaliação de liderança de equipe centrada no paciente para cada médico", disse Neuwirth. "Podíamos mostrar qual a posição de cada um em relação à média dos colegas, além de seis outras categorias individuais. Michael Knosp, David Meenan, Noelle Lawler e eu repassamos a pesquisa com cada um dos médicos e conversamos sobre o que eles podiam melhorar e o que a equipe podia fazer para ajudá-los em cada área." Ao combinar os dados coletados, Neuwirth conseguiu dar uma nota para o Kenmore Center como um todo.

Quando a pesquisa foi repetida um ano depois, as avaliações dos médicos em termos de tratamento dos pacientes melhoraram 9%, um índice significativo, de acordo com os especialistas em pesquisas de saúde com quem Neuwirth compartilhou seus achados. E, apesar de Neuwirth ter deixado o Kenmore Center em 2007 para se tornar Vice-Presidente de

Inovação e Eficácia Clínica da Harvard Vanguard, as equipes médicas continuaram a realizar a pesquisa. "Claramente, ela deu muito certo naquela organização", diz.

E isso por si só já é uma grande vitória: esse tipo de introspecção tem muita dificuldade de se firmar em qualquer empresa.

PASSANDO DE PESSOAS PARA PROCESSOS

Durante seus primeiros meses com a Harvard Vanguard, Neuwirth teve uma ideia que reformulou sua abordagem à prestação de serviços de saúde: "Percebi pela primeira vez que os assistentes clínicos e as secretárias médicas administram tudo de verdade, controlando a comunicação e a coordenação, enquanto médicos, enfermeiras e assistentes médicos lidam com os pacientes nos consultórios." Assim, ele criou uma série de almoços de organização comunitária com os assistentes e as secretárias.

"Se há um único fator que pode mesmo transformar a saúde", Neuwirth dizia a eles, "são vocês. Os médicos e enfermeiras estão muito ocupados com a prestação de cuidados clínicos aos pacientes. Eles estão presos nos detalhes técnicos da assistência médica, e isso é muito bom. Vocês veem o fluxo das coisas. Vocês enxergam o quadro geral. Vocês têm a capacidade de transformar a clínica em algo melhor, mas precisam se tornar mais proativos e se envolver mais com ela." Com seu orgulho e dignidade reforçados, os assistentes e secretárias começaram a agir com muito mais profissionalismo, conta Neuwirth. "Suas capacidades eram incríveis. Era maravilhoso ver como todos podiam funcionar muito melhor, mesmo sem qualquer capacitação adicional. Eles começaram a agir como líderes."

Não foi suficiente. O sistema básico de prestação de serviços de saúde ainda estava cometendo erros graves. Processos e fluxos de trabalho ainda precisavam ser redesenhados. Todos diziam que as coisas estavam ótimas agora que "não estávamos mais alfinetando uns aos outros", diz Neuwirth, mas não era verdade. Os médicos estavam fazendo hora extra e trabalhando nos fins de semana, mas ainda assim não conseguiam terminar as fichas. Os índices de satisfação do paciente e dos médicos continuavam baixos demais. Depois de melhorar o aspecto pessoal da prestação de serviços de saúde, Neuwirth começou a se concentrar nos processos.

Ele pediu que dois médicos voluntários estudassem fluxos de trabalho da clínica e formou duas equipes de observadores. As equipes realizaram estudos de tempo e movimento de seis horas com dois médicos especializados em medicina interna, enquanto estes atendiam os pacientes. Os resultados foram chocantes. "Ambos eram médicos muito habilidosos, que se importavam muito com seus pacientes e com a assistência ao paciente", conta Neuwirth. "Mas os dois passavam apenas 30% do tempo no consultório fazendo o que amavam, praticando medicina. Os outros dois terços do seu tempo eram gastos com entrada e recuperação de dados e preparação para a consulta: resolver falta de dados, equipamentos e assim por diante."

Ao acompanhar os médicos com um cronômetro em mãos e conduzir entrevistas de seguimento, Neuwirth e sua equipe conseguiram montar uma imagem clara do seu trabalho, mas essa imagem era horrível. As consultas eram marcadas com intervalos tão pequenos entre si que um único paciente que chegasse atrasado podia atrapalhar o cronograma do resto do dia. Os médicos tinham tão pouco tempo que não podiam fazer uma pausa depois de examinar o paciente para fazer suas anotações. E como sempre passavam do horário e queriam voltar para casa e para suas famílias, eles adiavam as anotações até as 21 ou 22 horas. E quase sempre pegavam no sono antes de terminar.

Nos fins de semana, eles precisavam completar 20 ou 30 fichas atrasadas. Como isso era praticamente impossível, quase sempre havia dúzias de fichas incompletas acumuladas no final do mês. "Não era uma prática médica segura e também não era saudável para os médicos", diz Neuwirth. "Cada ficha em branco era como uma espada pendurada sobre a cabeça dos médicos. Eles sabiam que precisavam completá-las, mas quando?"

Com os resultados da pesquisa em mãos, ele começou uma série de sessões de treinamento no horário do almoço com os membros das equipes dos médicos. Neuwirth ensinou os elementos básicos da melhoria de processos, desde como identificar as causas fundamentais de um problema específico até o desenvolvimento e distribuição de responsabilidade por diversas tarefas aos membros apropriados da equipe. Os supervisores e assistentes clínicos foram alunos especialmente brilhantes, diz ele. "Eles aprendiam mais rápido do que eu conseguia falar."

As equipes inventaram todo o tipo de solução. Para eliminar o acúmulo de anotações não realizadas, por exemplo, eles pararam de agendar consultas com pacientes, sem intervalos entre elas. Em vez disso, reordenaram o trabalho, deixando um bloco de tempo de cinco minutos livres entre os pacientes. Assim, os médicos podiam fazer suas anotações enquanto as informações ainda estavam "fresquinhas". Além de garantir maior precisão nas anotações em si, os médicos conseguiram recuperar o tempo que costumavam perder revirando os arquivos para refrescar a memória antes de começar o processo trabalhoso de reconstruir as consultas.

Com o tempo, as equipes identificaram 12 ações, que os médicos realizavam durante cada consulta, que poderiam ser delegadas a algum outro membro da equipe. Os médicos procuravam resultados de exames, por exemplo, ou buscavam equipamentos que não estavam prontamente disponíveis. Às vezes, até saíam do consultório para obter materiais ou informações. Tudo isso podia ser realizado por outros membros da equipe, antes ou durante a consulta.

Depois que o trabalho foi redesenhado do ponto de vista do fluxo de processos, a clínica se transformou. "Eu usei o cronômetro algumas vezes durante as observações iniciais", conta Neuwirth. "E era difícil acreditar como o dia dos médicos era frustrante e estressante. Na verdade, era meio deprimente." Seis semanas depois, as equipes repetiram as observações. Agora, os médicos conseguiam ser médicos de verdade e dedicar seu tempo aos pacientes.

Observar como os médicos e suas equipes trabalhavam depois do redesenho do processo era como assistir a um balé bem coreografado, diz Neuwirth. "Era lindo."

PILOTANDO SOB O RADAR

O projeto piloto de Neuwirth recebeu elogios na linha de frente, mas foi visto com maus olhos pela alta gerência, em parte porque esbarrou em outros grandes esforços de mudança que estavam acontecendo na organização como um todo. Não foi a primeira vez que Neuwirth enfrentou a inércia institucional, e não seria a última. Qualquer tentativa de iniciar um processo de mudanças sério e aprofundado, inevitavelmente esbarraria na oposição de poderosas forças homeostáticas dentro de uma sistema que está confortável com o *status quo*.

Qualquer tentativa de começar um processo de mudanças sério e aprofundado, inevitavelmente esbarraria na oposição daqueles confortáveis com o status quo, qualquer que seja a organização.

E o que é pior, Neuwirth estava defendendo uma abordagem à prestação de serviços de saúde e à sua gestão organizacional, que era radicalmente diferente. Em vez da abordagem centralizada típica, na qual a alta gerência se reúne em uma sala de conferências para planejar e decidir o que os outros vão fazer, Neuwirth invertera a política e o processo de transformação organizacional, com o envolvimento intenso dos clínicos e funcionários da linha de frente. Ele ofereceu as ferramentas para gerar mudanças, usando uma abordagem de prototipagem rápida que produzia resultados melhores em uma questão de dias ou semanas, não meses.

Todavia, como não conseguia convencer membros suficientes da alta gerência, Neuwirth decidiu tornar sua iniciativa mais discreta. Com a ajuda de um consultor externo, ele criou um programa de treinamento de 12 horas em redesenho de processos. Para evitar conflitos com o horário de trabalho clínico e outras iniciativas da empresa, as duas sessões de seis horas eram realizadas antes do início do dia de trabalho em meia dúzia de estabelecimentos da Harvard Vanguard. As sessões aconteciam com intervalos de duas semanas, dando aos participantes a oportunidade de implementar o que aprendiam.

Na clínica de Burlington, um projeto inicial de redesenho de processos foi tão promissor que todos os departamentos decidiram se envolver com ele. As equipes se envolveram umas com as outras e com o redesenho, levando a uma forte sinergia. Os pediatras, por exemplo, observaram operações de laboratório e descobriram em que parte do processo seus pedidos de exames estavam ficando presos. Os técnicos de laboratório analisaram a radiologia e descobriram uma maneira de trabalhar melhor em equipe para oferecer uma assistência ao paciente mais simples e eficaz.

Uma equipe diretora-executiva de redesenho foi estabelecida na clínica de Burlington e vários departamentos locais apresentavam seu progresso durante as reuniões mensais. "Se tornou parte da nossa cultura", diz Neuwirth. "E eles simplesmente continuaram com o redesenho." Em uma dessas reuniões, ele ouviu um médico descrever um problema que sua equipe enfrentara – e resolvera. Um paciente havia ligado com uma pergunta que a assistente clínica não podia resolver. Como ninguém atendia no posto de enfermagem, a assistente precisou atravessar o prédio para encontrar uma enfermeira que estivesse livre e pudesse atender o telefone. Quando a assistente voltou à mesa para transferir a ligação, ela descobriu que o paciente desligara antes que ela pudesse fazer a transferência. Uma pesquisa revelou que centenas de ligações semelhantes acabavam assim todos os meses. O resultado era frustração para os pacientes, que muitas vezes precisavam ligar de novo, e uma quantidade imensa de retrabalho para a equipe de enfermagem.

Para resolver o problema, as enfermeiras foram transferidas para a sala ao lado do escritório da assistente clínica, e parte da parede divisória foi demolida, criando uma janela enorme. Agora, a assistente podia simplesmente sinalizar para a enfermeira pegar o telefone antes da ligação se perder, ao mesmo tempo que garantia à pessoa no outro lado do telefone que alguém logo teria uma resposta para ela. O processo foi consertado e o número de ligações perdidas caiu para pouquíssimas por mês.

"NÓS VAMOS CONSEGUIR"

Apesar das iniciativas de Neuwirth terem muitos pontos de sobreposição, o Projeto LEAD foi um momento decisivo na história recente de reengenharia na Harvard Vanguard. O projeto foi desenhado para reestruturar o processo de consultas com pacientes na clínica de Chelmsford. A Blue Cross/Blue Shield do estado de Massachusetts financiou o projeto, em reconhecimento da necessidade de transformar a prestação de serviços de saúde para reduzir os custos e elevar a qualidade dos serviços.

O projeto envolvia uma iniciativa de mudança intensa e com diferenças radicais. Normalmente, transformações desse tipo precisam de meses de planejamento, com muito tempo reservado para o processo de testar e aperfeiçoar os elementos do redesenho. Nesse caso, apenas 42 dias se passaram entre a primeira reunião da equipe e a finalização de seis mudanças maiores e dezenas de mudanças menores.

Depois da situação ser analisada e de os participantes chegarem a um consenso sobre as mudanças de processos específicas, um protótipo de cada modificação foi desenvolvido imediatamente. "Nós vamos sujar nossas mãos", Neuwirth disse às equipes. "E não vai ser perfeito. Vamos conseguir e, depois, vamos seguir trabalhando e melhorar o protótipo."

Impulsionados pela experiência com o paciente e o fluxo de valor para o paciente, paredes foram derrubadas e novos sistemas de informática instalados para simplificar os processos de baixa e alta. Enquanto isso, uma equipe clínica multidisciplinar instituiu mudanças profundas no processo de assistência ao paciente.

Outra característica marcante foi que a equipe de desenho de processos não se limitou a médicos, enfermeiras e membros da alta gerência. Em Chelmsford, as equipes de assistentes clínicos, enfermeiras e médicos passaram pelo diálogo aberto que Neuwirth instituíra em Kenmore. "Você deixa o crachá no lado de fora e se concentra em fazer o que é certo para o paciente, não para o seu cargo, diploma ou ego", diz ele.

O projeto melhorou bastante os índices de satisfação do paciente, além de abrir os olhos da administração para o potencial do redesenho rápido de processos orientados à linha de frente. O Dr. Gene Lindsey, o diretor executivo visionário e progressista da Harvard Vanguard e da Atrius Health, ficou muito impressionado. Ele adotou a abordagem de envolvimento e redesenho de processos que Neuwirth introduzira ao Projeto LEAD como modelo estratégico da empresa para os próximos anos.

Os executivos da área de saúde de várias outras organizações localizadas em Massachusetts, que se envolveram com o Projeto LEAD, ficaram impressionados com o envolvimento dos médicos e da equipe, além do entusiasmo óbvio com o qual a clínica de Chelmsford se transformou a olhos vistos.

Do ponto de vista de Neuwirth, uma das contribuições mais significativas do Projeto LEAD foi o modo como derrubou barreiras conceituais, o que estabeleceu uma plataforma para o futuro da prestação de serviços de saúde. Uma dessas barreiras foi a crença antiga de que a saúde só acontece nos consultórios. O Projeto LEAD em Chelmsford deu origem à ideia de um espaço "entre consultas", ou seja, que a grande maioria dos serviços de saúde poderia ocorrer onde o paciente mora, trabalha, se diverte e socializa. Neuwirth expandiu essa ideia com a conceitualização de um paradigma de assistência ao paciente no qual o local não era mais apenas o consultório. Em vez disso, tudo aconteceria como parte de uma rede de saúde maior, integrada e comunitária. Neuwirth imagina que esse novo paradigma de assistência em rede também incluiria pacientes como motivadores e reengenheiros das mudanças na prestação de serviços de saúde.

EMERGÊNCIA

Os resultados do Projeto LEAD e o crescente interesse de raiz nos pilotos de reengenharia, desenvolvidos por Neuwirth em toda a organização Harvard Vanguard, começaram a chamar a atenção. No começo de 2009, o diretor executivo da empresa, o Dr. Lindsey, junto a seus colegas da alta gerência, pediram que desenhasse e construísse um processo de melhoria de processos em larga escala com base na metodologia que estava pilotando desde seus primeiros dias em Kenmore.

Neuwirth percebeu que tudo isso era mais do que um processo técnico, então ele desenvolveu e organizou um esforço de redesenho estratégico, operacional e cultural, uma "obra transformacional para a mudança", que se tornou a plataforma operacional da Harvard Vanguard. Na verdade, durante o último ano e meio, a Harvard Vanguard se tornou uma das principais usuárias de métodos de administração enxuta. Neuwirth gerencia e lidera esse esforço, que hoje inclui mais de dez redesenhos de projetos clínicos e operacionais de larga escala, centrados em tópicos que incluem melhor assistência a pacientes diabéticos, redução de readmissões hospitalares desnecessárias e melhorias no atendimento geriátrico.

Segundo Neuwirth, hoje a reengenharia é uma característica cultural intrínseca da Harvard Vanguard. Ela é a "plataforma geral" da perspectiva de operações, finanças, melhoria da qualidade, recursos humanos, estratégia e capacitação, diz ele. A mudança é visível em todos os lados. "As pessoas estão falando sobre diálogo, envolvimento, trabalhar juntos", diz ele. "Pessoas com históricos diferentes, de locais diferentes e de departamentos diferentes trabalham juntas e criam melhorias. O pessoal da linha de frente, aqueles mais próximos do trabalho e do paciente, estão contribuindo com as suas ideias." E essa é uma mudança radical em relação ao passado, quando a norma era o que Neuwirth chama de uma "mentalidade de lançar e desistir". Hoje, funcionários e líderes de todas as partes da organização se envolvem com o processo de mudança e de melhoria contínua dos serviços.

No dia que visitamos, os membros do departamento do laboratório citológico fizeram uma apresentação sobre um evento de melhoria rápida: seu esforço para reduzir o índice de erros no exame de Papanicolau. Eles descobriram que a origem do problema estava na preparação e rotulação das amostras. Os erros estavam aumentando por causa do modo como os espécimes e lâminas eram pareados e rotulados. Os defeitos e erros estavam afetando a qualidade da assistência ao paciente, enquanto as repetições estavam aumentando os custos do laboratório.

Ouvimos meia dúzia de funcionários do laboratório de citologia descreverem os problemas, além de alternativas para solucioná-los. Passo a passo, eles foram trabalhando a partir das observações uns dos outros. A equipe concluíra que havia muitos passos de pareamento manual entre a rotulação dos espécimes e a produção e rotulação das lâminas correspondentes, o que dava margem para erros.

Ficamos impressionados com o modo como a conversa incluía todo mundo. Desde o supervisor do laboratório até o assistente administrativo, todos participaram do desenvolvimento de uma solução. Além de discussões ativas, eles usaram uma técnica de análise de lacunas em que todos se afastavam um pouco e pensavam independentemente sobre o problema. Os participantes anotavam suas ideias em papeizinhos e um facilitador os organizava em categorias para referência futura.

No final, a equipe de citologia criou um novo processo, no qual os técnicos rotulam o frasco e a lâmina ao mesmo tempo e colocam ambos em um processador. O toque final foi o modo como o grupo redesenhou o misturador tipo vórtice para permitir o processamento do frasco e da lâmina sem removê-los do processador. Finalmente, eles redesenharam o trabalho em si, designando equipes de três funcionários para o processamento de espécimes: dois fariam o trabalho em si, enquanto o terceiro gerenciaria as interrupções inevitáveis que causam erros.

"Gene Lindsey diz que a organização está numa trajetória totalmente diferente e muito positiva por causa da transformação em Kenmore, o Projeto LEAD e a introdução dessa abordagem disciplinada e disseminada de uso do Sistema Enxuto da Toyota", acrescenta Neuwirth. "Os outros grupos da Atrius já começaram a nos enviar seus médicos e administradores e estão adotando rapidamente o movimento de melhoria de processos da Harvard Vanguard".

Um sinal da mudança que corria pela Atrius foi a resposta que Neuwirth recebeu de um grupo de executivos quando falou com eles, recentemente, sobre a necessidade de tornar a organização um centro de excelência em inovação no campo da prestação de serviços de saúde. "Eu não esperava que adotassem a ideia. Francamente, estava preocupado que não dessem importância", diz Neuwirth. "Imagine a minha surpresa quando a primeira pergunta foi 'de quanto dinheiro você precisa?' É prova da liderança de Gene e da transformação e desenvolvimento dos outros diretores-executivos e diretores-médicos, além de um sinal de quanto a organização avançou em relativamente pouco tempo."

Nas nossas conversas com Neuwirth, muitas vezes enfrentamos o desafio de repensar nossas ideias. A certa altura, por exemplo, ele descreveu sua abordagem como "respeitosa", pois todas as pessoas são tratadas como mais do que alguém que bate ponto e faz um trabalho. Todos são indivíduos com "olhos e ouvidos e cérebro, com perspectivas e aspirações e potencial". Respeito, lembra Neuwirth, não significa tratar os outros bem. Respeito é desafiar as pessoas a pensarem, crescerem e se desenvolverem, é ajudá-las a superarem o modo reativo de solução de problemas e a adotarem uma abordagem orientada a soluções e resultados. Nas interações que surgem dessa abordagem, diz ele, nasce uma "atividade comunitária que muda as relações existentes que essas pessoas têm com seus colegas, seu trabalho e, acima de tudo, com seus pacientes".

A educação médica tende a produzir operadores individuais. Apesar dos clínicos serem treinados para trabalhar em equipe, o conceito de equipe ainda costuma se restringir a alguns poucos participantes. Assim, o trabalho em equipe em larga escala quase sempre esteve ausente em clínicas e hospitais. Porém, como Neuwirth sugeriu, a reengenharia representa um novo contrato social. Ela exige respeito mútuo, além de um entendimento de que o trabalho de todo mundo está sujeito a análises e possíveis redesenhos. A comunidade é mais importante do que o indivíduo, e o novo contrato social segue inspirando mudanças comportamentais duradouras.

> *A reengenharia exige respeito mútuo, além de um entendimento de que o trabalho de todo mundo está sujeito a análises e possíveis redesenhos. A comunidade é mais importante do que o indivíduo, e o novo contrato social segue inspirando mudanças comportamentais duradouras.*

Neuwirth conta que, no seu trabalho, ele enfatiza que o objetivo não é resolver um único problema superficial, mas, sim, criar maneiras novas e melhores de trabalhar, que mudem os padrões e processos subjacentes. Um problema pode levar ao redesenho de um processo, mas não deve limitar o escopo do processo. "Você deve transcender o problema e construir algo novo e mais poderoso, uma nova infraestrutura que ajude a avançar a saúde", diz Neuwirth.

Imagine a diferença se milhares de organizações de saúde, de todos os tamanhos, em todos os lugares, acertarem alguns pontos maiores. Depois que pioneiros, como Zeev Neuwirth, mostrarem o que a reengenharia pode fazer e como concretizar essas possibilidades, o país será inundado por um mar de mudanças. Você precisa acreditar. Nós acreditamos.

CAPÍTULO 3

APROVEITE O POTENCIAL DA TECNOLOGIA

Quem ainda duvida do valor da tecnologia para a saúde precisa conhecer Scharmaine Lawson-Baker, uma enfermeira clínica que administrava um centro geriátrico em Nova Orleans quando a cidade foi atingida pelo Furacão Katrina. Seu escritório foi inundado por um metro e meio de água e todos os seus documentos foram destruídos, incluindo os prontuários médicos dos pacientes.

Várias das 100 pessoas de quem cuidava, confinadas em casa e quase todas indigentes, morreram por causa da tempestade ou de suas consequências. Como a própria Lawson-Baker, alguns dos sobreviventes se mudaram para outros condados e estados. Eles logo começaram a ligar para ela em busca de ajuda. Seus novos médicos e farmácias precisavam saber sobre suas medicações, alergias e exames de laboratório, ou seja, todas as informações vitais daqueles prontuários perdidos na tempestade.

O mais incrível é que Lawson-Baker tinha as respostas em mãos. Muito antes do Katrina atingir Nova Orleans, ela tomara a precaução de inserir as informações de contato e principais dados médicos dos pacientes no seu Palm Pilot, que sobreviveu intacto à tempestade. Depois de se mudar para San Antonio, no estado do Texas, ela mesma começou a ligar para os pacientes e transferir os dados.

Quando voltou a Nova Orleans no outono, ela recomeçou tudo de onde havia parado e estabeleceu uma nova clínica em uma casa que ela mesma limpou e pintou. Agora, no entanto, Lawson-Baker frequentemente visitava "quatro ou cinco pessoas idosas que haviam se unido numa mesma casa, tentando desesperadamente cuidar uns dos outros".

APROVEITE O POTENCIAL DA TECNOLOGIA **67**

Precisando urgentemente de dinheiro, Lawson-Baker ligou para a Healthcare Information and Management Systems Society (HIMSS, Sociedade de Informação e Sistemas de Gestão de Saúde), uma organização sem fins lucrativos dedicada a apoiar o uso da tecnologia da informação para melhorar os serviços de saúde. A HIMSS havia marcado sua conferência anual de 2006, em Nova Orleans. Maggie Lohnes, a Administradora de Gestão de Informações Clínicas do MultiCare Health System, em Tacoma, no estado de Washington (que conheceremos em uma parte posterior deste livro) estava em Nova Orleans buscando possíveis locais para os delegados da convenção visitarem. Foi então que descobriu a clínica de Lawson-Baker e ouviu a história incrível dela e do Palm Pilot.

A mídia logo começou a veicular a história, contribuições começaram a entrar na sua conta e surgiram patrocinadores. Levou algum tempo, mas Lawson-Baker conseguiu estabelecer uma clínica de sucesso sem fins lucrativos que hoje atende centenas de pessoas necessitadas em Nova Orleans. A tecnologia pode ajudar os prestadores de serviços de saúde a fazer tudo isso e muito mais.

Na verdade, a medicina atual é basicamente um produto de avanços tecnológicos.

Na verdade, boa parte da medicina atual é basicamente um produto de avanços tecnológicos. Antes do raio X inaugurar as ferramentas diagnósticas modernas e os cientistas descobrirem a biotecnologia, o máximo que os médicos podiam fazer era tratar ferimentos óbvios e acalmar pacientes com sua autoridade serena. Hoje, a tecnologia promete revolucionar todo o campo da saúde, com inovações que vão desde a cirurgia robótica e os prontuários médicos digitais até terapias genéticas e a regeneração de órgãos humanos.

Quando se trata da reengenharia da prestação de serviços de saúde, é essencial lembrar que a tecnologia é apenas um facilitador. A assistência só irá melhorar se o trabalho for bem pensado, a tecnologia integrada ao sistema como um todo e os prestadores treinados tanto nos processos quanto na tecnologia.

> *Quando se trata da reengenharia da prestação de serviços de saúde, no entanto, é essencial lembrar que a tecnologia é apenas um facilitador.*

A história do MultiCare Health System mostra como fazer tudo isso ao adotar os desafios e benefícios da implementação de um prontuário eletrônico do paciente que ele chama de "MultiCare Connect".

PRESTANDO SERVIÇOS

Maggie Lohnes é uma enfermeira que passou dez anos trabalhando com terapia intensiva. Mas quando percebeu como os avanços tecnológicos estavam mudando a medicina, ela viu um potencial maior em ajudar os outros com a automação do que com a assistência direta aos pacientes. "Essa é a minha maneira de prestar assistência", diz Lohnes.

Em 2006, ela deixou seu emprego no Huntington Memorial Hospital em Pasadena, na Califórnia, onde trabalhara para convencer médicos sobre as vantagens do prontuário eletrônico do paciente. Hoje, ela alimenta sua paixão pela assistência tecnológica no MultiCare Health Systems em Tacoma, que descreve como "bastante proativa na adoção de prontuários eletrônicos do paciente", ou PEP. O MultiCare já liderava o campo no estado de Washington em 1998, quando selecionou *software* da Epic Systems para ajudar a automatizar seus prontuários clínicos ambulatoriais.

Em 2001, os líderes do Multicare envolveram todos os níveis da equipe, além de prestadores e pacientes, na tentativa de forjar uma visão de longo prazo para o MultiCare. Em uma série de conferências chamada Multivision, os participantes tentaram imaginar como seria o futuro em 10 anos, para determinar a direção da saúde e o que o MultiCare precisaria fazer para se manter um passo à frente. Uma missão e visão para o sistema foi articulada durante várias sessões, com participação de centenas de pessoas.

A partir dessas reuniões, o MultiCare decidiu expandir seus prontuários eletrônicos do paciente por toda a organização, estabelecendo o alicerce para a inovação tecnológica que encontramos em todas as partes do MultiCare Health System.

A missão do MultiCare Health System, "assistência ao paciente de qualidade" é muito simples e também muito profunda. A visão é mais complexa. Chang admite, sem hesitar, que os processos de ciclo de receita e gestão das informações do MultiCare ainda precisam melhorar: "Naquela época, tínhamos três hospitais e várias clínicas, com vários sistemas de informação que não conseguiam conversar uns com os outros".

Chang lembrou de conversas sobre como criar um sistema de prestação de serviços de saúde harmônico, valioso, de fácil acesso e sustentável "que melhoraria a experiência dos nossos pacientes, prestadores, cuidadores e funcionários". A tecnologia se tornou a ferramenta para fundir processos de saúde distintos em vários locais diferentes sob o princípio de "Um Paciente, Um Prontuário". Chang observou que o conceito motivou a estratégia do MultiCare desde o princípio, apesar de não ter conquistado a aprovação imediata do conselho.

Em 2004, a proposta finalmente foi aprovada pela diretoria do hospital.

No começo, nem todos se entusiasmaram. É muito raro que não haja alguma reação contrária dos diversos públicos. Todavia, à medida que o projeto MultiCare Connect avançava, os problemas eram identificados e resolvidos, e a tecnologia melhorava. Lohnes conta que, com o tempo, os usuários começaram a reclamar menos. Segundo ela, o MultiCare também tinha outra vantagem: seu programa de residência Tacoma Family Medicine, em parceria com a University of Washington, incluía residentes jovens e cheios de energia. Eles se entusiasmaram imediatamente com o sistema e ofereceram um apoio inabalável. A outra vantagem é que o MultiCare começou a oferecer seus prontuários eletrônicos do paciente a prestadores de serviço comunitários, usando um aplicativo. O prontuário comunitário oferecido pela organização usa a marca "Care Connect". Com cada nova implementação clínica, o MultiCare aprendeu como implementar o prontuário eletrônico do paciente de forma eficaz e eficiente em mais locais ambulatoriais. Agora, sempre que o MultiCare adquire uma nova clínica ou firma um contrato com um novo centro de atendimento comunitário, ele consegue automatizar a organização sem atrasos.

A essa altura, a prescrição médica eletrônica (PME) está operacional nos três hospitais do MultiCare no campus em Tacoma e em todos os centros ambulatoriais e de emergência. Todos os pedidos ambulatoriais acontecem *online*, assim como 95% de todos os pedidos para casos agudos. As exceções se limitam a emergências (ataque cardíaco e trauma), momentos em que o sistema está indisponível e uma pequena quantidade de pedidos perioperatórios enviados por fax. Na verdade, os ambientes ambulatoriais e de tratamento intensivo nem sequer usam papel. Em ambientes de tratamento agudo, quase toda a documentação clínica também acontece *online* e está disponível para os prestadores de serviços em qualquer situação em que tenham acesso à internet. Lohnes observou que as únicas documentações escritas à mão incluem registros anestesiológicos feitos durante a cirurgia, algum material de consentimento e momentos quando o sistema fica fora do ar. A partir de 2009, o MultiCare também implementou um sistema de administração de medicamentos com código de barras junto aos leitos dos pacientes em três de seus quatro hospitais, com o objetivo de melhorar a segurança dos medicamentos. Lohnes observou que, hoje, o MultiCare Health System funciona no que o HIMSS chama de "nível seis" de adoção de prontuários eletrônicos do paciente e está a caminho do "nível sete", o mais elevado no uso de tecnologia da informação de saúde. Nele, o sistema de prontuário eletrônico do paciente não usa papel e usa informações dos prontuários para melhorar a qualidade dos serviços de saúde.

Ainda há muito trabalho a ser feito na área de digitalização de documentos, explica Lohnes. "Apesar dos nossos prontuários ambulatoriais não usarem papel, por ora, nossos prontuários de tratamento agudo são um híbrido de prontuário eletrônico e uma pequena ficha de papel que usamos para controlar a papelada coletada no ambiente externo, alguns formulários de consentimento e alguns últimos formulários de papel. Estamos analisando todo o resto do prontuário de papel para ver se é algo que podemos integrar com um sistema de informática externo, se pode ser produzido dentro do nosso prontuário eletrônico ou se precisa ser escaneado à medida que avançamos em direção a um prontuário totalmente sem papel. Estamos tentando minimizar o uso de escaneamento no avanço em direção ao uso universal de prontuários sem papel", diz ela.

Os pacientes do MultiCare podem acessar seus prontuários eletrônicos por meio do portal do paciente, o "MyChart Powered By MultiCare". À medida que mais pacientes aprendem sobre a conveniência de acessar seus registros diretamente por essa fonte, o número de pedidos de cópias de exames diminui. O Departamento de Gestão de Informações de Saúde do MultiCare ainda oferece esse serviço, diz Lohnes, mas a procura está diminuindo. Os pacientes também podem ver os resultados de estudos de imagem, acessar seu histórico de imunização, vacinas programadas e lista de medicamentos, e ainda marcar o dia e o horário da sua próxima consulta.

♦ **Prepare-se para a transição**

O sucesso do MultiCare em implementar seu PEP pode ser atribuído em grande parte ao forte trabalho de preparação realizado. Logo no começo do processo, os líderes do MultiCare realizaram quatro ações principais que devem servir de lição para uma implementação de sucesso. Eles estabeleceram:

1. Uma visão clara sobre a prestação de serviços no futuro e como ela iria evoluir.

2. A capacidade de desenvolver suas pessoas, aprendizagem e eficácia organizacional.
3. Uma estratégia de linha de serviços
4. Uma estratégia de TI e competência de TI.

"Estávamos tentando analisar o processo de todos os ângulos", diz Chang, "a começar pelo modo como a saúde deveria ser e aonde precisava ir nos próximos dez anos". E quando diz "todos os ângulos", Chang não está brincando. "Analisamos do ponto de vista da receita: como melhorar nosso desempenho financeiro? Como criar uma organização de aprendizagem? Como continuar a expandir nossa linha de serviços e desenvolver um centro de excelência? Como usar a tecnologia para executar nossa missão e visão? E como usar isso para sustentar nosso desempenho financeiro?"

Em todos os níveis, a organização destaca a importância da sua missão em oferecer alta qualidade de assistência ao paciente. Assim, quando o esforço Multivision começou, diz Chang, "nossa missão passou a ser o alicerce para nossas estratégias principais. Desenvolvemos as linhas de assistência, e isso permitiu que crescêssemos e expandíssemos. Alcançamos um outro nível. Nosso prontuário eletrônico integrado dá suporte à segurança e à qualidade para o paciente." E a missão é a origem de tudo isso.

Um dos principais motivos do sucesso do MultiCare, declara Chang, é o foco intenso no paciente. "A implementação de prontuários eletrônicos do paciente não é uma iniciativa de tecnologia da informação, é uma iniciativa de pacientes centrada na missão."

♦ Estabeleça princípios norteadores

Implementar e estabelecer um sistema de PEP é um processo demorado. O MultiCare precisou de dez anos em uma jornada árdua, repleta de desafios, fracassos e mudanças de rumo. Durante os períodos difíceis, você vai precisar de uma crença fundamental que oriente suas decisões e ajude a sustentar seus esforços. Desenvolva um conjunto de princípios que resista ao tempo e volte a eles para lembrar sua organização sobre seus objetivos, os resultados críticos que pretendem alcançar e os valores que todos compartilham.

Para inspiração, incluímos os seis objetivos de projeto do MultiCare:

1. Melhor segurança do paciente.
2. Acesso garantido aos dados corretos do paciente para cuidadores e administradores.
3. Garantia de precisão para os dados contidos no prontuário.
4. Processos simplificados, otimizados e consistentes em toda a organização.
5. Adoção do sistema de PEP por todos os médicos e clínicos.
6. Melhor desempenho financeiro.

As metas são acompanhadas de regras básicas que começam com o aviso "divirta-se" e terminam com "aproveite a experiência que todos traremos ao projeto". Entre elas há 11 outros comportamentos, tais como compartilhar responsabilidade pela conquista dos objetivos; enfocar os problemas, não as pessoas e as emoções; e tomar decisões com base em princípios norteadores que não deixam o projeto sair dos trilhos.

Chang nos disse que todas as vezes que há um debate sobre como proceder, "nós voltamos aos princípios norteadores, que, a propósito, todos os envolvidos com o projeto precisaram aprovar". Os princípios são especialmente úteis quando o sistema fica ativo, diz ela, "pois surgem questões que precisam ser priorizadas. Usamos os princípios como critérios de avaliação."

Obviamente, as regras básicas que você adota são um reflexo da sua organização, mas palavras e expressões como equilíbrio, respeito e aprender com o passado são apenas bom senso e se adaptam a praticamente qualquer empreendimento.

♦ Envolva os clínicos no desenho e implementação

Construir e implementar um sistema de PEP deve ser mais do que um projeto de TI, mais do que a decisão de instalar uma nova tecnologia. A tecnologia, afinal, é apenas um facilitador que ajuda o usuário a alcançar seus objetivos. E nesse caso, seu objetivo deve ser mudar os processos clínicos e administrativos do seu hospital ou organização de modo que o sistema de PEP consiga cumprir todas as suas promessas.

Não vai ser fácil.

A história dos grandes projetos de tecnologia da informação está cheia de trabalhos de implementação que estouraram o prazo e o orçamento e, ainda assim, nunca foram implementados. Por quê? Porque os líderes dos projetos não envolveram os usuários finais dos sistemas tecnológicos em todos os estágios do processo. Essas falhas são muito bem conhecidas e documentadas, mas mesmo líderes experientes podem se deixar levar por grandes projetos de TI que parecem ganhar vida própria. E quando isso acontece, muitos projetos acabam morrendo na praia, pois a realidade de como o trabalho de verdade precisava mudar foi ignorada.

Novas tecnologias sofrerão falhas ou serão ineficientes, a menos que os usuários se sintam confortáveis com elas. O treinamento pós-instalação não basta para transformar as pessoas em usuários fanáticos de um novo sistema. Assim, o envolvimento dos clínicos no desenho e implementação dos sistemas de PEP é um fator crítico. Os médicos precisam ver e sentir que os projetos são uma parte essencial do seu trabalho. Eles devem se envolver logo no começo do desenho da tecnologia, assim como em debates sobre como integrar a tecnologia aos procedimentos de trabalho.

> *Novas tecnologias sofrerão falhas ou serão ineficientes, a menos que os usuários se sintam confortáveis com elas.*

O Dr. Matthew Eisenberg, um pediatra que se juntou ao MultiCare, em 2007, como Diretor Médico de Serviços de Informação, diz que originalmente a organização contratou um consultor para ajudá-la a aprender e implementar uma metodologia de adoção por parte dos médicos. Essa iniciativa deu origem ao conselho médico de tecnologia da informação e a um modelo de governança que pretendia abrir os canais de comunicação. Os médicos eram recrutados para trabalhar diretamente no projeto de implementação e ajudar a fundir *software*, conteúdo clínico e fluxos de trabalho. Eisenberg conta que sua função "era levar mais energia, fortes habilidades de comunicação e maior envolvimento com base no modelo original. Entender o valor de qualquer nova tecnologia para os prestadores de serviços era uma das questões mais importantes. Em seguida, o mais importante era gerenciar as expectativas e a resistência a mudanças. O treinamento e a força em gerenciamento de projetos, incluindo um plano de comunicação bem desenhado, completam o modelo de adoção por parte dos médicos. Finalmente, convencer a liderança da equipe médica seria crítico para que os prestadores de serviços apoiassem e gerenciassem a adoção." A equipe médica foi convidada a seminários para debater como o sistema de PEP iria funcionar, seu valor e os desafios esperados.

Eisenberg destacou os grupos de médicos privados que prestam serviços de emergência para a sua população adulta. "Nossa relação com eles é maravilhosa", diz ele. "Eles estavam claramente preocupados com o uso de novas tecnologias e o possível impacto em sua produtividade e fluxo de trabalho. Não podíamos ignorar essa questão. Além disso, sabíamos que pelo menos metade de nossas admissões hospitalares vinham do departamento de emergência, então precisávamos formar uma parceria com eles."

"Conseguimos resolver alguns dos principais problemas de fluxo de trabalho e nos concentrar nos médicos que precisam de um pouco mais de ajuda. Trabalhamos com esse grupo para treinar e contratar digitadores para ajudar alguns prestadores com documentação em tempo real e entrada de pedidos. O MultiCare entrou com o financiamento inicial do programa de digitadores", conta Eisenberg. "O incrível é que durante as primeiras semanas de funcionamento em outubro, conseguimos minimizar a queda em volumes de pacientes para apenas 3%, quando todos disseram que deveríamos esperar uma redução de 20 a 30% nos primeiros três meses. Isso consolidou nossa relação com o grupo. Eles entendiam que, para termos sucesso, seria preciso firmar uma parceria multidisciplinar entre operações e TI."

Eisenberg diz que a liderança focada e envolvida do MultiCare em todos os níveis tem mérito por esse fato. Além disso, o MultiCare Health System, sob a direção de sua liderança executiva e conselho hospitalar, implementou um plano de participação nos lucros para todos os funcionários. "Se o MultiCare tem um bom ano, mesmo quem ajudou a limpar a sala de cirurgia se beneficia diretamente", diz ele. O plano ajuda todos os membros da organização a se concentrarem no seu trabalho e faz que todos queiram contribuir com melhorias.

Médicos, enfermeiras e técnicos têm perspectiva e experiências de linha de frente que podem ser essenciais para enxergar os defeitos e possíveis pontos fracos em novos sistemas tecnológicos. O líder inteligente de um projeto de reengenharia busca os seus conselhos e faz os ajustes necessários.

Florence Chang vê o problema de outro ponto de vista. Conheça seus prestadores de serviços em um nível individual, ela aconselha, se quiser obter aceitação máxima.

"Antes do MultiCare", diz Chang, "prestei consultoria para várias outras organizações. Mas sempre me concentrei no envolvimento e adoção por parte dos médicos, pois esse é o fator crítico para o sucesso dos prontuários eletrônicos do paciente." Ela diz que os reengenheiros precisam envolver os médicos no desenho dos princípios, de modo a identificar quem são os apoiadores e quem são os detratores.

Ela diz que os reengenheiros precisam envolver os médicos no desenho dos princípios, de modo a identificar quem são os apoiadores e quem são os detratores.

"Analisamos nossa comunidade", continua Chang, "e afirmei que gostar ou desgostar do PEP ou de mudanças ou de qualquer tipo de tecnologia não era o problema de verdade. A questão principal era o histórico de 10 a 20 anos do médico com o hospital. Essa é a causa da resistência, da oposição que poderíamos enfrentar".

Lohnes, por sua vez, diz que o mérito vai para a decisão original do MultiCare em incluir a equipe da linha de frente no grupo de participantes da conferência Multivision, que foram encarregados de prever e preparar planos para as necessidades futuras. "Isso fez que desenvolvessem um senso de propriedade em relação à decisão de automatizar o processo", diz ela.

♦ **Identifique campeões**

A liderança, como já dissemos mais de uma vez, é crítica para o trabalho de mudar a prestação de serviços de saúde. Esse truísmo é especialmente verdadeiro na implementação de prontuários eletrônicos. A magnitude da mudança em práticas de trabalho clínicas e administrativas exige que a linha de frente seja defendida por campeões.

Em uma situação ideal, seus campeões serão membros respeitados da comunidade médica. Sua função não é apenas superar a resistência a mudanças, mas demonstrar como o PEP pode ajudar a melhorar a vida de todos os médicos e pacientes, além da comunidade de saúde como um todo. Os campeões devem ser usuários entusiasmados do novo sistema e defensores públicos do processo de mudança.

Às vezes, os campeões se encontram em lugares improváveis. O Dr. Eisenberg conta que um dos defensores mais persuasivos da transição do MultiCare para um sistema de PEP foi um médico da prática privada, que dirigia a unidade de tratamento intensivo do hospital na época. Esse médico trabalhou junto a Eisenberg e sua equipe em questões de conteúdo clínico e fluxo de trabalho e foi um dos superusuários médicos no departamento de medicina intensiva durante a implementação. Ele e outros médicos no seu grupo de trabalho ficaram muito impressionados com o projeto de PEP e investiram pesado nele. Em seguida, quando estavam pensando em transferir sua clínica, decidiram se juntar ao MultiCare Medical Associates como intensivistas contratados. Esses médicos continuam a defender o sistema.

"No MultiCare, estamos focados na qualidade", afirma Eisenberg. "Essa missão simples de 'assistência ao paciente de qualidade' é uma parte essencial de todos nós. E o comprometimento de usar a tecnologia da informação para avançar essa missão está em todas as partes." A mesma paixão e engajamento se estende a toda equipe médica, ele acrescenta, e vários chefes de departamento foram superusuários durante a implementação.

♦ Adote metodologias formais de gerenciamento de projetos

Ninguém consegue implementar uma nova tecnologia sem alguma dor de cabeça. E quanto maior o projeto, maior a dor de cabeça. Um projeto de PEP será o maior processo e o maior empreendimento tecnológico da vida da maioria dos hospitais e clínicas médicas. Quando implementado corretamente, ele afeta a maior parte dos processos clínicos e administrativos; envolve grandes quantidades de clínicos, administradores, membros da equipe de apoio e tecnologistas; demora vários anos para ser implementado por completo; e custa uma fortuna.

Os prazos e orçamentos de implementação estourados são problemas muito comuns. Mas as metodologias de gerenciamento mais populares podem ajudá-lo a acertar o projeto. Recomendamos o estabelecimento de um escritório de gerenciamento de projetos, equipado com clínicos e gerentes em tempo integral, para supervisionar as tecnologias e os procedimentos. Um *site* que aumenta a transparência dos planos, avanços e falhas para todos os participantes também é um ponto muito positivo.

"Um projeto desse tamanho precisa de disciplina e de responsabilidade clara", diz Chang. "Certos problemas e riscos precisam ser trabalhados. O processo de lidar com esses problemas, incluindo a gestão do orçamento, precisa do máximo de transparência possível".

Eisenberg é um grande fã do modo como os líderes do MultiCare aceitaram a importância de um escritório de gerenciamento de projetos. "Fomos abençoados com uma equipe de gerenciamento de projetos maravilhosa e uma metodologia consistente que tentamos seguir. Funciona muito bem", diz ele.

O escritório de gerenciamento de projetos controla a matriz de prioridade de projetos do MultiCare, com cada projeto ligado aos seus objetivos organizacionais. No nível de projeto, diz Eisenberg, "podemos pegar os 15 problemas que surgem nas nossas reuniões e priorizá-los com base em um método de avaliação padronizado que se originou no lançamento do nosso primeiro projeto hospitalar, em 2007". A partir dessa lista, os três problemas principais são destacados para atenção imediata. Sem esse tipo de disciplina de gerenciamento de projetos, diz ele, os problemas de PEP e pedidos de otimização do MultiCare não teriam recebido a atenção que mereciam. O resultado seria que, tal como acontece em muitas outras organizações, eles diriam apenas "resolveremos quando pudermos".

♦ Proteja a produtividade dos médicos

A maioria de nós tende a pressupôr que as novas tecnologias são sempre fatos positivos e que terão o desempenho anunciado. Mas expectativas de utilidade e desempenho podem sofrer distorções graves, e a adoção de novas tecnologias sempre tem consequências inesperadas. A tecnologia da informação de saúde tem um histórico problemático quando se trata de melhorar a vida e o trabalho dos clínicos. Os problemas surgem quando os médicos são excluídos do processo ou quando são incluídos tarde demais para fazer diferença. Em geral, esses erros ocorrem quando o projeto é visto como *apenas* um empreendimento de TI, não como parte de um processo de reengenharia que vai alterar a vida de todas as partes interessadas.

O MultiCare adotou um processo de instalação formal que incluía uma análise de fluxo de trabalho muito cuidadosa, tanto do estado presente quanto do estado futuro desejado. "Os médicos e enfermeiras da linha de frente desenvolveram seu estado futuro desejado", conta Maggie Lohnes. "Depois que os fluxos de trabalho e conteúdos foram analisados, criamos cenários hipotéticos em um sistema de desenvolvimento e pedimos a médicos, enfermeiras e outros membros da equipe clínica que validassem o resultado." Lohnes acredita que deixar os praticantes otimizarem seu fluxo de trabalho foi um dos segredos da adoção. "Eles perceberam que éramos todos parceiros nesse projeto, o que levou a uma série de ajustes para melhorar o sistema antes dele entrar em atividade."

Mas mesmo quando os clínicos se envolvem desde o começo, é essencial prestar muita atenção no modo como os sistemas de TI e o *hardware* são incorporados à consulta. Muitos médicos se preocupam com a possibilidade de sistemas mal projetados os distraírem da interação com o paciente e reduzirem sua produtividade.

Um dos segredos da implementação de sucesso do sistema é garantir que você entenda exatamente como a tecnologia de PEP funcionará no consultório do médico antes de instalá-la.

> *Um dos segredos da implementação de sucesso do sistema é garantir que você entenda exatamente como a tecnologia de PEP funcionará no consultório do médico antes de instalá-la.*

O MultiCare descobriu que muitos dos seus médicos tinham medo de ficar olhando para um monitor durante a consulta em vez de prestar atenção no próprio paciente. Especialmente aqueles que se viam como "mais interativos do que tecnológicos", nas palavras de Maggie Lohnes, precisaram aprender a incorporar o computador à consulta sem prejudicar os pacientes com interações impessoais. Segundo ela, uma sugestão era perguntar aos pacientes se queriam ver seus prontuários na tela. Assim, os pacientes estariam envolvidos com o médico enquanto ele usava o computador, em vez de deixar a máquina se transformar em uma muralha e bloquear a interação entre eles.

Lohnes observa que médico nenhum quer diminuir sua produtividade pessoal e sugere que "você deve oferecer algum espaço durante as primeiras semanas depois da adoção, dando tempo para que fiquem mais confortáveis antes de começar a exigir seu níveis normais de produção". Depois dos médicos e enfermeiras ficarem confortáveis com o sistema de PEP, diz Lohnes, você e eles devem esperar melhorias na produtividade da equipe. E não fique surpreso se as melhorias começarem a aparecer de maneiras inesperadas. Um médico do MultiCare ficou muito feliz em admitir que "pela primeira vez desde que comecei a atender pacientes, consegui ir para casa e jantar com a minha família sabendo que todos os prontuários estavam completos". Os praticantes ficam muito satisfeitos por conseguirem produzir mais por conta própria. Eles sempre aumentam seus níveis de produtividade, sempre que humanamente possível.

♦ Atenção a detalhes nunca é demais

A quantidade de decisões que precisam ser tomadas na implementação de um sistema de PEP é quase grande demais para contarmos. As decisões sobre que tecnologia usar, que informações inserir, como estruturá-las e como realizar as tarefas, todas exigem um consenso. Questões operacionais e de governança também exigem soluções.

Cada decisão deve ser analisada com cuidado e as diversas opiniões sobre as alternativas disponíveis devem receber sua devida consideração. Acima de tudo, você precisa garantir que as decisões necessárias estão mesmo sendo tomadas. Saiba o resultado de todos os conflitos para ter certeza de que está finalizando os problemas e depois mantenha um controle dos detalhes do desenho e implementação. Erros e omissões podem ocorrer em todas as áreas, então a vigilância é essencial.

Quando o MultiCare estava desenhando seu sistema, a organização formou um conselho de médicos para ajudar o projeto com sugestões. Além disso, ela também designou médicos de projeto em tempo integral e parcial para se envolverem com o desenvolvimento em si.

Florence Chang nos disse que quando o sistema estava sendo desenhado, o Dr. Matt Eisenberg e sua equipe levaram o produto aos escritórios de todos os médicos da comunidade para conquistar sua aprovação. Fizemos 47 apresentações públicas antes de lançarmos o sistema", diz ela. "Levamos o produto a pediatras. Levamos a todas as especialidades para obter sua aprovação. Assim, quando fizemos o lançamento, tínhamos cerca de 350 modelos de prescrições, todos eles aprovados e recomendados pelo nosso grupo de médicos."

Harry disse que visitar 47 escritórios geralmente produz, pelo menos, 40 novos requisitos, quase paralisando o processo de implementação. Ele perguntou a Chang como ela conseguiu obter recomendações em vez de ouvir exigências de mais funções.

"Você está certo", ela respondeu. "Visitar tantos locais diferentes quase sempre aumenta o número de pedidos. Mas, desde o começo, nós desenvolvemos um princípio norteador de oferecer assistência padronizada aos nossos pacientes. Queríamos reduzir a variação e compartilhávamos com os médicos nossas preocupações com adicionar passos que não agregam valor em vez de eliminá-los."

A resposta dos médicos foi admirável. Em alguns casos, diz Chang, "precisamos reunir colegas para conversar sobre o desenho do sistema, lembrando-lhes que estávamos desenvolvendo um único sistema, um único modelo de prescrições". Eles se acertaram.

♦ Treine e pratique

Implementar um sistema de PEP afeta o trabalho de centenas, se não milhares de pessoas na sua organização. É preciso desenvolver um programa de treinamento para cada área afetada em sua operação. Crie um treinamento com o máximo de experiência prática. Treinar com a nova tecnologia e os processos redesenhados gera mais confiança e competência no trabalho, ao mesmo tempo que mostra aos alunos como suas vidas irão melhorar com a chegada do PEP.

"Realizamos um trabalho muito pessoal, lado a lado", conta Maggie Lohnes. "Eu tinha esses relacionamentos excelentes com médicos e dizia para eles, que tinham estudado medicina, para que pudessem aprender como incorporar computadores ao seu fluxo de trabalho. E como estão acostumados a usar ferramentas minimamente invasivas durante as cirurgias, eles podiam aprender a mexer com um *mouse*." Ajudá-los lado a lado, de indivíduo para indivíduo, não eliminou o processo de aprendizagem gradual, acrescenta Lohnes, mas ajudou suas clínicas.

"Outro programa de treinamento excelente", diz ela, "estava direcionado aos médicos funcionários do MultiCare. Durante os anos de lançamento, reservamos uma parte do seu horário de trabalho para aulas teóricas e sessões práticas com computadores. O custo valeu a pena."

◆ Faça uma implementação *big bang*, mas planeje bastante

Todo grande projeto tecnológico vem acompanhado de um debate válido: o que é melhor, uma implementação em fases ou simplesmente ligar o interruptor em todo o sistema no mesmo dia e fazer um *big bang*? A defesa normal da abordagem em fases é que ela oferece menos riscos; e se a mudança for pequena, isso provavelmente é verdade. Um robô que faz a ronda no hospital, por exemplo, pode ser testado em um projeto piloto e modificado para corrigir os erros antes que alguém envie um esquadrão deles para patrulhar os corredores.

Entretanto, em projetos tecnológicos abrangentes, tais como a implementação de um sistema de PEP, a abordagem de *big bang* se revela menos arriscada do que uma transição mais lenta. Quando começar o desenho, você vai ver como projetos desse tipo afetam todas as partes das operações do hospital ou da clínica. Pode ser possível excluir certas áreas do hospital em um primeiro momento, mas, nesse caso, você começa a precisar de correções para estabelecer a conectividade, e essas correções geram seus próprios riscos. Por exemplo, se você não ativar o sistema no laboratório de patologia ao mesmo tempo que as salas de cirurgia, será preciso enviar documentos em papel de um local para outro, o que atrasa os processos e cria a possibilidade de erros.

Se você prestou atenção suficiente aos detalhes, capacitação e prática, na nossa opinião, a opção mais segura é ativar um sistema novo dessa magnitude em um só dia. Mas você precisa estabelecer um procedimento para monitorar e corrigir imediatamente qualquer falha. As pessoas sempre desconfiam quando uma mudança significativa é implementada. Se a tecnologia enfrentar problemas no primeiro momento, e estes não forem corrigidos imediatamente, será muito difícil reconquistar a confiança dos usuários.

O MultiCare decidiu fazer um *big bang* porque muitos dos seus pacientes vão a vários hospitais e clínicas diferentes, diz Lohnes. "Não queríamos que eles tivessem parte das prescrições em papel e parte eletrônica."

♦ Entenda que o trabalho nunca acaba

Todos os esforços de reengenharia de sucesso têm o benefício adicional de desenvolver a sede de mudanças na sua organização. Assim, prepare-se para essa possibilidade desde o primeiro momento do seu projeto de PEP: mantenha a capacidade e habilidade de otimizar os novos processos que desenvolveu e, depois, passe para outras áreas nas quais a reengenharia tem o maior potencial de melhorar o desempenho.

Em outras palavras, não deixe suas novas habilidades morrerem. Aproveite a plataforma tecnológica e de processos que construiu para continuar a melhorar os resultados clínicos, a experiência do paciente e sua capacidade de atrair um maior leque de clientes. Quando usado corretamente, o PEP é um componente incrivelmente valioso.

O Dr. Matt Eisenberg nos conta que quando os visitantes chegam ao MultiCare, a equipe fala sobre a liderança da organização, sua visão envolvente, habilidades de gerenciamento de projetos, programas de capacitação, estratégia de comunicação, equipe de construção habilidosa e a necessidade eterna de implementação. Em suma, "tentamos modelar um envolvimento multidisciplinar", diz ele. Não é difícil quando você sabe que todos estão de acordo. Porém, no fim das contas, "podemos otimizar até morrer". Eisenberg está certo com essa afirmação. E isso é bom.

Em primeiro lugar, como lembra Florence Chang, ela compensa os custos. Chang preparou uma análise de retorno sobre investimento de dez anos e custo da posse de dez anos. "Acreditamos que os custos vão empatar em 2013, mas é preciso ter disciplina e continuar impulsionando as mudanças operacionais", diz ela.

O resultado? "Acredito que qualidade dá dinheiro", diz Chang. "Quem melhora a qualidade da assistência reduz os custos dentro do sistema de saúde. Mas isso exige uma disciplina significativa, e você também precisa seguir otimizando o sistema e alterando o processo de fluxo de trabalho."

Quando o MultiCare começou seu projeto, a organização tinha 3.000 fluxos de trabalho diferentes em três hospitais, diz ela. Quando se preparou para ativar o projeto, os fluxos de trabalho haviam sido reduzidos a 1.200 e a quantidade caía com cada iteração de PME – e as mudanças e modificações não pararam.

Chang fica com a última palavra. "A implementação de prontuários eletrônicos do paciente provavelmente é a melhor coisa que pode acontecer com a saúde, pois impulsiona a padronização", diz Chang. "Ela força você a ver sua organização de uma perspectiva muito diferente. Ela amplia todos os seus processos quebrados, toda a fragmentação do seu sistema. Como queremos mudar isso depende só de nós. Mas esqueça a ideia de mudar primeiro o modo como as pessoas pensam. Concentre-se em mudar o que elas fazem, pois quanto mais rápido mudarmos o que elas fazem, mais rápido poderemos otimizar o novo processo."

> *"A implementação de prontuários eletrônicos do paciente provavelmente é a melhor coisa que pode acontecer com a saúde, pois impulsiona a padronização".*

O GRANDE SISTEMA SEGURO NA NUVEM

Praticamente ninguém duvida de que salvaríamos milhares de vidas e economizaríamos bilhões de dólares todos os anos se todos os prontuários médicos estivessem disponíveis em qualquer local e situação em que fossem necessários. Se um homem do estado de Idaho sofresse um acidente na Flórida, por exemplo, os médicos da emergência saberiam seu histórico médico no instante em que a ambulância chegasse no hospital e estariam preparados. Mesmo que a vítima estivesse inconsciente, ninguém perderia tempo fazendo perguntas sobre alergias a medicamentos e condições preexistentes. Erros seriam evitados e tratamentos adaptados às necessidades específicas de cada paciente.

Mas a implementação de prontuários eletrônicos do paciente para a maioria dos norte-americanos, uma iniciativa da administração Bush de 2004, continua um sonho distante, apesar de Maggie Lohnes nos informar que "a tecnologia existe. Os padrões estão disponíveis. Falta apenas selecionar um e se comprometer com ele enquanto país". Mas ela admite que "a política da coisa", ou seja, formar uma comissão nacional e escolher seus membros, gera preocupações entre os diversos públicos constituintes e criou um debate de nove meses apenas em torno desse problema. De acordo com o *New England Journal of Medicine*, apenas 1,5% dos hospitais privados usa um sistema abrangente de prontuário eletrônico do paciente. Pior ainda, a maior parte dos sistemas existentes não consegue se comunicar entre si.

A falta de um sistema nacional afeta diretamente a qualidade da saúde norte-americana e a magnitude dos seus custos. Pacientes e prestadores de serviços gastam inúmeras horas preenchendo formulários de papel repetitivos que precisam ser arquivados pelo escritório. E o procedimento de recuperação de prontuários rouba mais tempo dos praticantes, tempo este que poderia ser gasto com os pacientes.

O plano de estímulo econômico da administração Obama, em 2009, incluía mais de 20 bilhões de dólares para tecnologia da informação de saúde. O objetivo final é melhorar os resultados e controlar os custos por meio de coleta e partilha de dados de saúde para uma melhor tomada de decisão, ao mesmo tempo em que protege a privacidade do paciente.

A Grã-Bretanha começou a desenvolver um sistema nacional de prontuários eletrônicos do paciente vários anos atrás. O país já gastou bilhões de libras esterlinas e está quase tendo sucesso. Mas essa abordagem exige um consenso amplo sobre os processos e padrões de informação, o que é muito difícil de produzir em países com forte dependência de prestadores privados de serviços de saúde. Outro caminho está emergindo, no entanto, baseado na criação de uma "nuvem" segura na qual os prontuários seriam arquivados. Nesse caso, as tecnologias de busca poderiam ser usadas para localizar as informações certas.

(Para os usuários menos adeptos às novas tecnologias, uma "nuvem" é um conjunto praticamente infinito de servidores em rede que fornecem capacidade computacional sob demanda e múltiplos usuários. O que viabiliza a nuvem, hoje, é o baixo custo dessa capacidade, a rede onipresente representada pela internet, a abundância da largura da banda e os meios mais sofisticados e inovadores de gerenciar dados. O mundo da tecnologia está esperando há quase cinquenta anos pela convergência dessas capacidades.)

A tecnologia está ajudando a resolver o problema da criação de alguma forma de repositório nacional de prontuários médicos, virtuais ou não, mas os prestadores de serviços precisam de soluções urgentes. O trabalho precisa começar agora mesmo em nível local, mas precisamos avisar sobre um perigo grave no horizonte: um projeto de prontuário eletrônico do paciente seria o maior empreendimento tecnológico da vida da maioria dos hospitais e clínicas médicas. Feito corretamente, como vimos, ele muda quase todo o trabalho clínico e administrativo ao mesmo tempo que envolve diversos médicos, administradores, tecnologistas e membros da equipe de apoio.

> *Um projeto de prontuário eletrônico do paciente seria o maior empreendimento tecnológico da vida da maioria dos hospitais e clínicas médicas.*

A implementação completa demora vários anos e custa caro. Junte-se ao movimento, mas garanta que entende completamente as questões em jogo e que preparou um plano bem pensado antes de começar.

À medida que novas tecnologias são introduzidas, tais como sistemas de PEP, é absolutamente essencial que os três princípios listados no começo deste capítulo sejam seguidos: O trabalho deve ser bem pensado, a tecnologia deve ser integrada ao sistema como um todo e os prestadores devem ser treinados tanto nos processos quanto na tecnologia. Caso contrário, além de ter um mau retorno sobre seu investimento, você ainda corre o risco de diminuir a produtividade dos médicos.

UMA LISTA DE VERIFICAÇÃO PARA A IMPLEMENTAÇÃO DE NOVAS TECNOLOGIAS

As listas de verificação se tornaram uma parte importante dos protocolos médicos. Na mesma veia, sugerimos a lista a seguir para a implementação de novas tecnologias focadas em PEP.

- Você desenvolveu as capacitações e adquiriu a habilidade de implementar a nova tecnologia? É preciso realizar trabalhos incrementais significativos para conseguir adotar novas tecnologias. Sistemas bons e habilidades de processo são essenciais para a implementação de um PEP. Você precisará dessas habilidades durante toda a adoção. Desenvolva ou adquira-as assim que possível e crie os músculos de que precisa.

- Você estabeleceu um conjunto de princípios para orientá-lo na jornada de mudança? Nenhum esforço de reengenharia significativo ocorre sem discussões, hesitação ou obstáculos. É importante que você mantenha os objetivos finais em mente e estabeleça um conjunto de princípios a serem seguidos, mesmo quando surgirem problemas. Esses princípios funcionam como uma bússola moral em muitas situações.

- Você envolveu as pessoas certas no esforço de redesenho do trabalho? O redesenho do trabalho é absolutamente essencial para o sucesso da implementação de novas tecnologias. As pessoas mais afetadas pela mudança do trabalho devem ser envolvidas logo no começo do debate sobre como o trabalho será redesenhado.

- Você identificou os líderes que irão orientar a mudança? Eles precisam ser sensíveis aos processos e entender bem o que a tecnologia pode fazer. E precisam demonstrar como usam a tecnologia na prática. Como muitas organizações estão tentando implementar sistemas, esses líderes serão muito procurados e difíceis de encontrar no mercado.

- Você estabeleceu um processo de governança para responder perguntas sobre políticas e supervisionar o esforço? Novas tecnologias quase sempre vêm acompanhadas de questões sobre políticas, envolvendo temas como uso, privacidade e acesso. As pessoas que implementam uma nova tecnologia, muitas vezes, não estão em posição de responder essas perguntas. Pode ser necessário obter uma perspectiva mais ampla sobre o assunto. Um conselho de governança, composto de interesses distintos e compartilhados, sempre ajuda.

- Você estabeleceu uma metodologia e estrutura de gerenciamento de projetos? É preciso muita disciplina para gerenciar sistemas ou tecnologias complexos, o que exige uma equipe com dedicação exclusiva ao esforço. Uma metodologia-padrão de gerenciamento de projetos mantém as engrenagens desse esforço funcionando em conjunto.

- O seu planejamento de projeto é suficientemente detalhado para permitir que gerencie todas as partes com sucesso? Grandes ideias e grandes tecnologias não são implementadas sem muita atenção aos detalhes. Você não quer se perder na "floresta" do seu trabalho, mas você ainda quer identificar todas as "árvores" que precisam de atenção.

- Você estabeleceu programas de capacitação e instalações de treinamento para permitir que todos se familiarizem com as novas tecnologias e os novos processos de trabalho? Nada como a experiência e o treino para criar confiança na viabilidade de novas tecnologias e processos, e reduzir o riscos aos pacientes.

A tecnologia não é a solução universal para a reengenharia da saúde, mas podemos afirmar que será um fator crítico no desenvolvimento de muitas iniciativas de reengenharia. Mas esse é apenas o começo da reengenharia, pois as inovações tecnológicas sempre levam a mudanças em todos ou quase todos os processos dos hospitais, clínicas e consultórios médicos. As mudanças de processo são o assunto do próximo capítulo.

CAPÍTULO 4

CONCENTRE-SE
NOS PROCESSOS

"Queremos gerar novas maneiras de atender as necessidades dos pacientes", diz Victor M. Montori, professor de medicina na mundialmente famosa Clínica Mayo.

Em termos de reengenharia, a maior preocupação de Montori são os processos de saúde, especialmente a interação entre médico e paciente, que praticamente não mudou em mais de cem anos. "A medicina mudou, as pessoas mudaram, a tecnologia mudou, mas o consultório não é muito diferente do que era no século XIX", diz o Dr. Michael D. Brennan, um endocrinologista (Brennan e Montori estão associados ao famoso programa de inovação SPARC – *See, Plan, Act, Refine, Communicate*; ou Veja, Planeje, Aja, Refine e Comunique – na Clínica Mayo; Brennan como diretor-médico e Montori como diretor de pesquisa e educação).

> *"A medicina mudou, as pessoas mudaram, a tecnologia mudou, mas o consultório não é muito diferente do que era no século XIX".*

"Nosso problema é que estamos todos usando os processos errados", concorda Debra Geihsler, uma executiva de saúde que trabalhou para transformar grandes sistemas de prestação de serviços de saúde em Chicago e Boston e agora está começando um novo empreendimento em Indianápolis. Segundo ela, é preciso criar um conjunto de processos "que enfoquem mais a prevenção e o bem-estar e menos as doenças crônicas e os hospitais".

Mas como os processos médicos, desenvolvidos e enraizados durante décadas, poderiam ser mudados? Considere os princípios que emergiram a partir dos estudos de caso apresentados neste livro.

♦ Comece pequeno e construa a partir de resultados comprovados

Não é possível realizar reengenharia de toda uma organização de uma vez só. O escopo e a escala do empreendimento é simplesmente impossível de gerenciar. É possível mapear a jornada em linhas gerais e os passos necessários para completá-la com o passar do tempo, mas, no começo, é melhor se concentrar em algumas poucas áreas. Comece pequeno, não com pouca ambição, mas em termos do número de pessoas que se envolverão com o projeto de reengenharia em um primeiro momento. Procure equipes, departamentos e práticas com a estrutura necessária para o sucesso: liderança clínica, problemas de desempenho que sugerem a necessidade de mudança e um pessoal ambicioso que vai trabalhar bastante para concretizar o projeto. Depois de conseguir demonstrar melhorias de desempenho, você estará pronto para ampliar sua campanha.

Temos dois motivos para sugerir que você primeiro prove seu argumento com um projeto pequeno: as mudanças serão mais fáceis de gerenciar e os clínicos vão querer provas de que os novos processos de serviços de saúde funcionam antes de arriscar o bem-estar dos seus pacientes. Por outro lado, eles ficarão muito felizes em adotar um processo ou procedimento reformulado se tiverem provas de que ele funciona melhor. Como já dissemos mais de uma vez, os médicos trabalham para fazer o bem. Eles preferem usar o melhor tratamento, o mais eficaz e o mais atencioso. Os esforços de reengenharia de Zeev Neuwirth provaram esse fato inúmeras vezes.

Quando Neuwirth e seus colegas começaram a tentar melhorar a produtividade do departamento de ortopedia na clínica de Kenmore da Harvard Vanguard, eles sabiam que não seria fácil. O Kenmore tinha muitos cirurgiões excelentes e bastante ocupados, o que dificultava o acesso. Os pacientes que queriam consultas imediatas, às vezes, precisavam esperar dias, se não semanas, para serem atendidos. E se um paciente procurasse tratamento fora da clínica, o Kenmore corria o risco de perdê-lo. Acima de tudo, se o paciente voltava ao Kenmore, seu prontuário médico ficava incompleto, o que exigia uma série de passos demorados para reunir todas as peças do quebra-cabeças, um processo que tendia a provocar erros. Em suma, era uma bagunça e precisava ser consertada.

Neuwirth e seus colegas instituíram um evento de melhoria rápida no qual os participantes normalmente enfocam um processo, desenvolvem uma estratégia para torná-lo mais eficiente e depois implementam a estratégia. Basicamente, o evento desativa um processo temporariamente até ativar todas as correções. No princípio, a equipe de ortopedia não gostou muito da ideia. Os médicos chegaram na primeira reunião, em uma manhã de segunda-feira, com uma cara de "por que vocês estão me fazendo perder tempo?" Todavia, ao final da semana, com a mudança de processo pronta, eles ficaram impressionados com tudo que haviam alcançado.

"Aprendi mais naquela semana do que nos últimos 30 anos da minha carreira", Neuwirth ouviu do chefe de ortopedia. "Eu nunca soube de todo o trabalho e todos os processos que aconteciam ao meu redor." Mergulhado na sua agenda cirúrgica e no trabalho clínico, o médico nunca entendera a alta qualidade da sua equipe de apoio ou quanto todos dependiam de outras pessoas, especialmente do departamento de radiologia. "Descobri que tudo o que a minha equipe faz é tão importante quanto tudo o que eu faço", o ortopedista anunciou a uma plateia chocada com seu relatório de projeto ao final da semana.

"Eu nunca soube de todo o trabalho e todos os processos que aconteciam ao meu redor."

Hoje, o chefe é um grande defensor da reengenharia, e instalou seu próprio novo processo: Ele se reúne com sua equipe de ortopedia todas as manhãs e tardes para reuniões de cinco minutos. A equipe se reúne às oito da manhã para conversar sobre o resto do dia, falar sobre problemas e obter respostas para uma série de perguntas, incluindo: como cada membro da equipe está se sentindo? Na reunião do final da tarde, as perguntas se concentram em como a equipe funcionou naquele dia. Houve alguma dificuldade? Reclamações de pacientes? Se sim, elas foram resolvidas com sucesso? Como podemos evitar problemas semelhantes no futuro?

A mudança mais importante ocorreu na cultura do departamento de ortopedia, não apenas nos processos de fluxo de trabalho. Quando o chefe instituiu seu processo, deu a todos os membros da equipe a liberdade de falarem o que estavam pensando.

O evento de melhoria rápida também formou um forte laço entre a ortopedia e a radiologia. Os dois departamentos ficam a cerca de 30 metros de distância um do outro, e há anos os ortopedistas mandavam pacientes para a radiologia. Mesmo assim, os membros da equipe quase nunca conversavam entre si antes de redesenhar processos. Depois, no entanto, a equipe de radiologia também começou a fazer reuniões rápidas e seus membros começaram a acompanhar o quadro de gestão diária do outro departamento. Na verdade, as reuniões rápidas se tornaram eventos compartilhados, misturando os funcionários de ambos os departamentos. Neuwirth admite que cometeu "milhares de erros" no esforço de redesenho de processos. "Mas acho que estamos acertando algumas coisas importantes", afirma.

Uma observação: Talvez você ache confuso que estejamos aconselhando a começar pequeno nas primeiras mudanças de processos ao mesmo tempo que, no capítulo anterior, sugerimos uma implementação *big bang* para iniciativas de PEP. Se você nunca realizou mudanças de trabalho na sua organização, começar pequeno ainda ajuda, pois dá a todos a oportunidade de sentir os benefícios da mudança e começar o processo de ajustes de comportamento. Porém, depois de construir a capacidade de implementar prontuários eletrônicos do paciente em todas as partes da organização, imaginamos que você também desenvolveu as sensibilidades e capacidades necessárias para a implementação ampla de mudanças de trabalho e comportamentais. Nesse caso, você pode usar um estilo mais vigoroso.

♦ Busque resultados rápidos, mas prepare-se para tempos de adoção longos

Começar com um esforço de reengenharia pequeno tem uma grande vantagem: a produção de resultados rápidos. Projetos demorados cansam os participantes e fazem que duvidem do valor do trabalho. Um resultado rápido, como melhor qualidade, menor custo ou experiência melhor para o médico ou paciente, mantém os participantes interessados. Ele valida as ideias no cerne da mudança de processo e prepara a organização para os esforços de mais longo prazo necessários para se aperfeiçoar um processo, especialmente quando temos projetos maiores em vista.

Não cometa o erro de começar um esforço de reengenharia tentando mudar o modo como as pessoas pensam. Quase nunca dá certo. A mudança cognitiva demora demais. Acreditamos que mudar o que as pessoas fazem é a melhor maneira de mudar como elas pensam. Muitas pessoas precisam sentir a mudança fisicamente antes de conseguirem enxergar seus benefícios. Assim, quanto mais rápido você alterar o modo como o trabalho clínico é realizado, mais rápido os comportamentos dos clínicos e das suas equipes irão mudar.

A mudança cognitiva demora demais. Acreditamos que mudar o que as pessoas fazem é a melhor maneira de mudar como elas pensam.

O Dr. Tom Knight, falando a partir da sua experiência com o Methodist Hospital System de Houston, no estado do Texas, diz: "Não é o que dizemos, mas o que fazemos. Em algum nível, é o que representamos, mas também é o que defendemos. Não é possível gerenciar a qualidade e a segurança na saúde. É preciso liderá-las. Inspirá-las. Modelá-las. E vivê-las". E Knight continua: "A boa notícia é que temos a mão de obra para isso". E quando se trata do processo de mudança, "é uma ciência do comportamento totalmente nova".

Assim, mudar comportamentos é a carroça atrás dos bois da melhoria de processos com sucesso comprovado. Falaremos mais sobre como mudar comportamentos quando falarmos mais sobre pessoas.

Seguir nosso conselho de começar pequeno para obter resultados rápidos e, depois, disseminar a mudança de processos por toda a sua organização significa que uma mudança completa na prestação de serviços de saúde vai demorar. Todos os esforços de reengenharia citados neste livro demoraram entre dois a três anos para completar o processo de implementação. Não espere gastar menos tempo do que isso com seu projeto de reengenharia.

♦ Conserte erros e falhas, mas não perca o objetivo final de vista

Erros e falhas podem indicar áreas que precisam de reengenharia. Mas quando surge um problema, cuidado para não adicionar muitos recursos e camadas de complexidade em busca de uma solução. O resultado pode ser que você apenas ocultou os problemas reais, sem encontrar uma solução. Resolver o problema imediato e ignorar as causas fundamentais acaba aumentando os custos com o tempo, algo que a prestação de serviços de saúde não pode se dar ao luxo de fazer, caso o objetivo seja produzir melhorias reais.

Procure as causas sistêmicas do seu problema e conserte os processos que estão por trás dele. Pode ser preciso investir mais tempos e recursos do que você esperava, mas uma abordagem mais abrangente compensa no longo prazo. Além disso, você tem a garantia de que os erros e as falhas não se repetirão.

Podemos oferecer um exemplo pessoal de que consertar o processo de um modo mais abrangente é melhor do que a solução de problemas limitada. Alguns anos atrás, o então administrador da U.S. Veterans Administration (VA) pediu a Jim que avaliasse os problemas que estavam atrasando a resolução de pedidos de saúde e invalidez dos veteranos. Alguns precisavam esperar meses, até anos, antes da finalização do pedido. Para nossa vergonha eterna, alguns morreram antes de receber a indenização que mereciam.

Como ferrenho defensor da reengenharia, Jim se voltou aos princípios aplicados por homens de negócios do mundo inteiro na tentativa de resolver o problema do governo. Ele descobriu que vários fatores estavam contribuindo para a falha. Para começar, os casos médicos haviam se tornado mais complexos e exigiam mais tempo dos assistentes sociais. O atraso piorava ainda mais porque a VA não conseguia acessar os prontuários médicos e fichas de serviço dos veteranos, que estavam quase todos em papel e espalhados em vários locais diferentes. Naquela época, a VA tinha 80 funcionários no Pentágono cujo único trabalho era encontrar as informações de veteranos que precisavam de auxílio.

Jim lembra de ter falado com um almirante bem-intencionado que fora encarregado de encontrar uma "solução para o problema". Quando Jim sugeriu que os problemas poderiam ser eliminados se a VA adotasse novos processos e atualizasse sua tecnologia da informação, ele ouviu que a abordagem-padrão (contratar mais funcionários e assistentes sociais) era mais provável. Não seria preciso muito esforço, pois o Congresso simpatizava com os problemas dos veteranos e daria mais dinheiro para o trabalho. Não é surpresa que a "solução" tradicional foi adotada.

Essa abordagem de solução de problemas não resolve nada. A verdade é que muitos problemas não são resolvidos, mas apenas soterrados por novos recursos e mais complexidade.

Desde que a instituição solicitou a ajuda de Jim, a Veterans Administration avançou muito em direção ao processo de implementar prontuários eletrônicos. Mas ele suspeita que ainda falta um pouco de reengenharia de verdade para atender as necessidades dos pacientes. Se a VA pedisse ajuda de novo, nosso conselho seria ir mais a fundo, trabalhar as questões sistêmicas e eliminar os problemas de uma vez por toda.

♦ Reconheça que o processo de mudança é repetitivo

Depois de decidir que uma situação precisa de mudança, você naturalmente quer começar de uma vez, e não perder tempo. Então, você confirma a necessidade, pensa sobre maneiras de fazer tudo acontecer, decide qual a melhor alternativa e formula um plano. Você fala com as pessoas que serão afetadas pelo plano (clientes, funcionários, fornecedores) e, caso alguém tenha uma preocupação séria, faz os ajustes correspondentes. E, então, você aperta o botão marcado "início". Missão cumprida, você limpa o suor da testa e vai atrás do próximo problema a ser resolvido.

Por mais que esteja satisfeito consigo mesmo, esse é o jeito errado de fazer mudanças, especialmente mudanças grandes que irão transformar o modo como trabalha. O jeito certo é testar suas ideias e obter *feedback* em todas as fases, usando as informações que coleta para melhorar cada passo e moldar seus próximos atos. Para ver o método certo em funcionamento, basta ler sobre o programa SPARC, que a Clínica Mayo está usando para melhorar a saúde ao mudar o modo como os médicos interagem com seus pacientes.

O ritual clássico no escritório médico parece projetado, consciente ou inconscientemente, para sublinhar a autoridade do médico e a submissão do paciente a ela. O paciente espera pelo médico vestido com um avental do tamanho errado, em um consultório quase sempre muito frio. O médico examina o paciente sobre uma mesa alta, acolchoada e coberta de papel, que lembra a plataforma de uma loja de pneus. A seguir, o paciente é informado de que deve se vestir e recebe licença para entrar no escritório privado do médico, onde recebe o veredito do outro lado da sua escrivaninha.

Não é à toa que o paciente aceita o diagnóstico e o tratamento prescrito de bico calado, para depois esquecer as instruções do médico e acabar tomando apenas metade dos remédios e engolindo as pílulas nos horários errados.

A Mayo está inovando no campo da saúde desde que a clínica foi fundada, no final do século XIX. O projeto SPARC é a mais nova tentativa de mudar a experiência do paciente e a prestação de serviços de saúde, e talvez a mais radical. À primeira vista, o SPARC é um centro evolutivo experimental de consulta a pacientes no 17º andar da clínica em sua sede em Rochester, no estado de Minnesota. Porém, em sua essência, o programa representa um comprometimento com a reengenharia de cada aspecto possível da assistência ao paciente, incluindo o modo como medicamentos são prescritos, os procedimentos de *check-in* e a natureza dos consultórios e salas de cirurgia.

Os pacientes consultam seus médicos em muitos locais diferentes, e o principal objetivo do centro é ouvir e compreender as necessidades dos pacientes. Mas os membros da equipe da Mayo sabem que as preocupações que os pacientes conseguem expressar representam apenas uma pequena parte do território a ser explorado. Os pesquisadores do SPARC assistem à consulta por meio de pequenas câmeras (com consentimento do paciente), que permitem a eles discernir entre necessidades não articuladas, mas que ficam claras nas suas reações e linguagem corporal. E necessidades latentes ainda mais profundas estão sendo identificadas, diz o Dr. Montori, quando os médicos tentam novas abordagens e observam a reação dos pacientes. "Sempre ouvimos que os clínicos precisam mostrar mais empatia. Agora, estamos observando como essa empatia funciona: o contato visual, a audição. Estamos assistindo toda a dança."

O *feedback* de pacientes reais é outro componente crítico do programa SPARC que oferece dicas sobre as necessidades reais de cada pessoa. E o *feedback* ainda continua. Os pesquisadores formam seus planos em segmentos, incorporando esse *feedback* a cada passo, sempre em busca da eficácia máxima. Por sua vez, cada melhoria é testada para tirar vantagem de uma nova rodada de *feedback*. Na prática, os pesquisadores usam cada nova variação para desenvolver perguntas melhores.

Uma inovação nascida do programa SPARC é a série de quiosques localizados em torno do campus de Rochester e nas instalações da Mayo em Jacksonville, Flórida, e Scottsdale/Phoenix, Arizona. Esses quiosques facilitam o *check-in* quando um dos 500 mil pacientes anuais da Mayo chega no local. Muitas dessas pessoas têm dificuldade de ficar de pé na fila esperando o processo, explica Ryan Armbruster, o primeiro diretor de operações e desenho do programa. "O quiosque é parecido com os de aeroporto. Você chega e insere algumas informações. Ele faz algumas perguntas sobre por que você está lá. Confirma as informações com a recepção e você já pode se sentar."

Na sua primeira versão, o quiosque de *check-in* foi criado com uma aparência propositadamente grosseira e quadradona. Os pacientes precisavam imaginar um terminal funcional, com suprimento de energia, que permitiria que fizessem *check-in* para suas consultas clínicas. Mas, com base nas reações ao primeiro rascunho do projeto, a versão seguinte usava um *laptop* com o que parecia ser uma tela sensível ao toque. A tela não funcionava de verdade, mas um técnico sentado junto ao aparelho usava um teclado para digitar as respostas dos pacientes e simular um protótipo funcional. O modelo seguinte tinha uma tela sensível ao toque que funcionava. Os ajustes continuaram, sempre em resposta ao *feedback* dos pacientes, até que o aparelho real entrou em funcionamento. Tudo era parte da prototipagem rápida desenvolvida no programa SPARC em resposta às reações dos pacientes.

O produto final foi um sucesso imediato: 87% dos pacientes que experimentaram o quiosque disseram que o usariam novamente. Não é surpresa, já que o quiosque foi basicamente criado pelos usuários finais.

♦ Agregue educação do paciente

Muitos anos atrás, o filho de Jim, Adam, nasceu prematuro cinco semanas. Os pais orgulhosos puderam levar o bebê para casa dois dias depois, em uma bela manhã de sábado, em Boston. É assim que Jim lembra a ocasião feliz, mas cheia de ansiedade:

"Minha esposa e eu estávamos um pouco perplexos quanto ao futuro. Havíamos participado de muitas aulas sobre o parto, mas, como Adam nasceu antes da hora, não conseguimos assistir às aulas sobre como cuidar de um recém-nascido. Não sabíamos praticamente nada sobre o assunto e, como era um fim de semana, não havia alguém no hospital para nos dar conselhos. Também não tínhamos um familiar experiente por perto.

"Toda vez que o bebê chorava, corríamos para o guia icônico do Dr. Benjamin Spock, *Meu Filho, Meu Tesouro*, para tentar descobrir qual era o problema. Felizmente para Adam, acabamos contratando uma enfermeira e *ela* sabia o que fazer".

Os tempos mudam e as pessoas também. Hoje, os hospitais reconhecem que melhorar a assistência ao paciente não é apenas uma questão de eliminar procedimentos redundantes e encurtar tarefas. Às vezes, significa agregar um componente como educação do paciente, que melhora a experiência como um todo muito mais do que seus custos sugerem.

Os pacientes acham natural que a prestação de serviços de saúde inclui uma boa dose de educação sobre uma série de assuntos. Eles querem saber a origem de seus problemas e suas opções de tratamento. Também querem saber o que podem fazer para ter uma vida mais longa e mais saudável. E os estudos mostram que pacientes que participam de bons programas educativos têm resultados clínicos melhores, maior probabilidade de seguir seus planos de tratamento e menos ansiedade em relação à assistência médica que recebem.

Cathy Camenga, uma enfermeira com 25 anos de experiência em prática clínica, conhece muito bem as preocupações dos pacientes e o valor da educação. Dez anos atrás, ela foi a diretora fundadora da Health Education Initiative no California Pacific Medical Center (CPMC). O programa se tornou o modelo de educação do paciente via internet nos Estados Unidos. Esse reconhecimento é muito comum no CPMC, um centro médico que já recebeu muitas honrarias. Em 2009, por exemplo, os três *campi* da instituição estavam entre os 34 hospitais urbanos dos Estados Unidos que receberam o prêmio de qualidade e segurança Leapfrog Top Hospital for Quality and Safety, o que representa o quarto ano de reconhecimento do CPMC.

Camenga estava terminando seu mestrado em Enfermagem na University of California, em San Francisco, quando foi contratada pelo CPMC. "O emprego era ótimo", conta ela. "Era inovação, na verdade, melhoria de processos. A missão era espalhar educação do paciente por todo o sistema e pelo ciclo completo de cuidados médicos."

Na época, conta Camenga, havia poucos materiais disponíveis para informar os pacientes e suas famílias sobre doenças e tratamentos específicos ou sobre a experiência hospitalar em geral. Por exemplo, no momento da alta, os pacientes recebiam um bilhete do médico anotado no seu receituário. Mas não havia um processo de padronização de verdade para as instruções, escritas ou orais, sobre o que o paciente deveria esperar quando chegasse em casa.

Camenga logo percebeu que uma parte importante do seu trabalho seria conquistar o apoio dos médicos do hospital. Eles precisariam aprovar qualquer material educativo que ela distribuísse, desde folhetos até o *site* do CPMC. Além disso, Camenga esperava convencê-los a escrever boa parte do material. Deu algum trabalho, mas ela conseguiu. Camenga aconselha que ninguém deve tentar contatar médicos com o envio de *e-mails* em massa. "Eles gostam de ser abordados pessoalmente", diz ela. E acrescenta: "Desenvolva um relacionamento e ajude-os a avançar aos poucos".

Com o tempo, Camenga ajudou a criar o que chama de "uma cultura de educação e inclusão do paciente no processo de assistência". Hoje, a abordagem centrada no paciente permeia as práticas dos médicos e do hospital como um todo, enquanto grupos dedicados sugerem melhorias.

Uma visita ao *site* do CMPC demonstra a transformação drástica que ocorreu no processo de assistência do centro. Sob o título "Aprendendo Sobre a Sua Saúde", o visitante tem acesso a materiais em chinês, russo e espanhol, além de inglês. Também é possível assistir ou baixar *podcasts* de aulas ou grupos de apoio que ajudam as pessoas a "navegar os problemas relacionados a doenças graves, tais como o câncer".

Uma listagem em ordem alfabética dá acesso *online* a dezenas de textos detalhados, todos preparados pelos clínicos do hospital. Os temas vão desde a cirurgia abdominal e como se preparar para ela, o que esperar no hospital e como cuidar de si mesmo em casa, até questões relativas ao trato gastrointestinal superior (mais especificamente, o que é uma série do trato GI superior e quanto tempo demora para se obter os resultados do exame).

Jim teria gostado muito dos conselhos sob a letra "P", de paternidade e cuidados infantis. Os tópicos vão desde a aplicação de filtro solar até a perda de peso normal de recém-nascidos nos primeiros dias depois do parto.

Cathy Camenga diz que o sucesso na educação do paciente exige muito investimento de tempo e recursos para se obter excelência de forma, conteúdo e prestação de serviço. Ela cruza todas as áreas de assistência ao paciente do hospital. Em outras palavras, ela deixou de ser a entrega de um bilhete ou folheto. É um processo que se beneficiou da reengenharia.

♦ Lide com seus clientes crônicos

Muitos negócios têm o que poderíamos chamar de clientes crônicos, pessoas cujas necessidades são grandes e que nunca desaparecem, apesar de que atender essas necessidades simplesmente não seja lucrativo para o fornecedor. As empresas podem abandonar linhas de trabalho que dão prejuízo, mas os prestadores de serviços de saúde não têm essa opção.

Para os hospitais, as pessoas que estamos descrevendo são aquelas com doenças crônicas que parecem incapazes de monitorar suas condições, tomar seus remédios ou manter um estilo de vida saudável. Elas quase sempre acabam hospitalizadas ou recebendo tratamentos caros no pronto-socorro. Os próprios pacientes gostariam de estar em casa, e muitos líderes do campo da saúde acham que seria uma boa ideia, pois ficar em casa é melhor para os pacientes e permite que os recursos médicos sejam utilizados para fins mais proveitosos. Mas ensinar pacientes crônicos a lidar com as suas doenças é um processo difícil, caro e demorado.

Uma solução nasceu na chamada gestão da doença, que assume o controle do processo de ensino e cria programas que ajudam pacientes crônicos a cuidarem de si mesmos. Os principais funcionários dessas empresas são enfermeiras que ligam para os pacientes e perguntam sobre seu bem-estar, oferecem conselhos e tentam encorajá-los. Seguradoras e grandes empregadores contratam gestores para ajudar a preservar a saúde dos segurados e funcionários, com a esperança de reduzir os custos de seguro. Mas a eficácia da gestão da doença por telefone ainda é questionável.

Nos últimos anos, surgiram abordagens mais sofisticadas de gestão de doenças crônicas. Conversamos com uma pioneira da área, a Dra. Cheryl Pegus, gerente geral e diretora-médica da SymCare Personalized Health Solutions, em West Chester, no estado da Pensilvânia. Depois da nossa reunião com Pegus, teríamos muita dificuldade em encontrar uma única área do negócio da saúde que ela não melhorou.

Nascida em Trinidad e Tobago, Pegus cresceu no Brooklyn, em Nova Iorque. Ela se formou em medicina no Cornell University Medical College e fez sua residência clínica em cardiologia no New York Hospital-Cornell. Seu interesse em comunidades de minorias étnicas levou Pegus a participar em ensaios clínicos com medicamentos, o que acabaria levando-a para o lado corporativo da saúde. Pegus aceitou empregos na Pfizer, LipoScience e Aetna, fazendo mestrado em saúde pública na Columbia University durante o processo. Na Aetna, Pegus foi diretora nacional de saúde feminina e depois estrategista-chefe de desenvolvimento de produtos clínicos.

A SymCare fornece a empresas de gestão da doença o inTouch, um programa de tratamento do diabetes muito sofisticado. O sistema, aprovado recentemente pelo FDA para uso sem receita médica, inclui tecnologia baseada na *web*, sessões individuais, materiais educativos e um programa de recompensas. Ele usa um medidor para coletar leituras automáticas do nível de glicose sanguínea e transmite os valores para um *site* seguro ao qual apenas os pacientes e seus cuidadores têm acesso. O programa também aplica algoritmos para ajudar na identificação de tendências.

O programa tem enfermeiras disponíveis para sessões individuais, além de uma série de regimes de exercício e dietas. Os pacientes que conseguem cumprir e manter suas metas de gestão do diabetes (adquirir os remédios receitados, testar o nível de glicose) recebem descontos automáticos na Amazon.com. O programa de recompensas reflete a crença de que o reforço positivo é o melhor motivador possível.

Programas como o inTouch podem ser revolucionários. "É mais eficiente para os médicos", diz Pegus. "Quando atendem o paciente, eles podem ver exatamente o que está acontecendo em vez de terem de começar do zero. É mais eficiente para as enfermeiras, pois elas podem trabalhar com mais pacientes sem gastar mais tempo. E também torna as consultas mais produtivas e satisfatórias, pois todos sabem o que o paciente está fazendo e deixando de fazer."

"Acreditamos que um sistema como o nosso permite que você obtenha um resultado clínico melhor e utilize melhor os recursos de saúde, pois as pessoas vão menos ao pronto-socorro e são hospitalizadas com menos frequência", acrescenta Pegus.

Mas a contribuição mais importante de Pegus poderá ser o efeito que ela tem no próprio processo de gestão da doença. As informações dos pacientes, que ela e a SymCare estão coletando e analisando, permitirão o desenvolvimento da primeira avaliação estatisticamente rigorosa desse tipo de tratamento. Cuidadores e pacientes crônicos precisam saber o que funciona e o que não funciona, pois, assim, o processo pode passar por uma reengenharia que melhore seu desempenho.

♦ Administre o ciclo completo dos cuidados médicos

Debra Geihsler cresceu em uma fazenda de 800 hectares no Nebraska, onde sua família plantava trigo e criava gado. Aos 10 anos de idade ela operava tratores, e, logo depois, começou a ganhar dinheiro domando cavalos selvagens. Exceto por alguns machucados quando caía da sela, Geihsler não tinha muito interesse em praticar medicina. A paciência que adquiriu domando cavalos, no entanto, foi muito útil durante seus mais de 25 anos de carreira como uma executiva de saúde inovadora e cheia de energia.

Geihsler passou boa parte desse tempo lutando para mudar o sistema. Ela brinca que, enquanto país, "nós criamos um belíssimo sistema de saúde. Só esquecemos de dois grupos: quem paga pela saúde, os empregadores, e quem deveria receber os serviços, os pacientes. Fora isso, ele é ótimo".

A maioria das propostas, diz ela, tenta consertar os problemas visíveis no sistema; por exemplo, a ideia do senso comum de que precisamos de mais clínicos gerais. "Não é verdade", diz Geihsler. Se a saúde se concentrasse na prevenção em vez do tratamento de doenças, teríamos clínicos gerais de sobra.

Os esforços de reengenharia de Geihsler se concentraram principalmente em processos. Para ser mais exato, ela enfoca o local onde o trabalho é realizado, o que é tão importante para a otimização quanto mudar quem faz o quê. Uma das suas principais conquistas foi tirar os médicos dos hospitais e consultórios e levá-los aos locais de trabalho de pacientes em potencial.

A jornada de Geihsler, de domadora de cavalos a cargos com cada vez mais responsabilidade em três sistemas de prestação de serviços de saúde (vice-presidente do Mercy Health System em Janesville, Wisconsin; presidente do Advocate Medical Group em Chicago; e diretora-executiva do Atrius Health em Boston) foi cheio de reviravoltas. Hoje, ela trabalha com a Activate Healthcare, em Indianápolis.

Em 1985, Geihsler se tornou vice-presidente de serviços administrativos do Mercy Hospital em Port Huron, Michigan, e sete anos depois ela foi nomeada vice-presidente de operações e gestão médica no Mercy Health System, em Janesville. "Foi lá que aprendi a base", diz ela, "de como abordar a prestação de serviços de saúde com uma mentalidade mais simples, orientada a processos e eficiência". Para Geihsler, isso significava prestar serviços no consultório médico, não no hospital.

Geihsler escolheu evitar sistemas centrados em hospitais e criar outros mais centrados nos médicos. Ela acabou gerenciando grupos com 300 ou mais médicos em cidades do Centro-Oeste americano. O projeto significou reinventar a relação entre médicos e hospitais, uma tarefa que chamou sua atenção porque tinha o potencial de gerar reduções drásticas nos índices de hospitalização. Se os pacientes recebem mais assistência ambulatorial, diz ela, é apenas lógico que haverá menos hospitalizações.

Geihsler queria que os médicos que ela gerenciava se tornassem grandes prestadores de serviços de saúde nas suas áreas, responsáveis pelo tratamento da maior parte das doenças, pela prática de medicina preventiva e pela colaboração com especialistas. Seus médicos gostaram da ideia, mas queriam mais treinamento para aprender a lidar com o trabalho. Geihsler atendeu o pedido.

O Mercy construiu centros médicos que prestavam todo o tipo de serviço, exceto hospitalização. Em termos financeiros, o sucesso foi enorme, conta Geihsler, "pois juntando os clínicos gerais, cirurgiões, laboratórios, radiologia e centro cirúrgico, todos podiam usar a mesma equipe de apoio". Mas os benefícios não foram apenas monetários: "Podíamos controlar o ciclo completo, desde a chegada do paciente, passando pela cirurgia ambulatorial, até a saída, ligando todos os pontos e oferecendo assistência de altíssima qualidade".

No Advocate Medical Group, ela assumiu uma organização que enfrentava uma série de desafios. O excesso de clínicos gerais em Chicago significava que médicos recém-contratados precisavam batalhar durante pelo menos dois anos até que pudessem construir uma clínica com sucesso financeiro. E, se a economia desacelerava, o mesmo acontecia com as suas clínicas. Alguns pacientes passavam sem assistência médica, enquanto outros passavam a depender de prontos-socorros hospitalares.

Geihsler queria tornar os pacientes mais proativos em relação à saúde. Ela mudou de estratégia e passou a tentar encontrar maneiras de levar os médicos às comunidades, onde poderiam atrair mais pacientes. Havia chegado o momento de repensar as diretrizes de processos, especialmente o senso comum de que os médicos deveriam ficar nos seus consultórios e nunca atenderem a domicílio. Foi então que Geihsler encontrou o Departamento de Polícia de Chicago.

O sindicato dos policiais estava buscando mais benefícios para os seus membros, o que deu à Geihsler a abertura de que precisava. Logo, os médicos do Advocate começaram a visitar delegacias para realizar entrevistas e avaliar riscos de saúde. Eles obtiveram os históricos dos policiais, observaram o que comiam e bebiam e deram conselhos sobre estilo de vida e doenças hereditárias. Em seguida, os médicos desenvolveram formulários que descreviam uma série de ações para melhorar a dieta e o regime de exercícios dos policiais, além de marcarem exames físicos com os novos pacientes.

O programa foi um sucesso entre os policiais, conta Geihsler. Eles adoraram a conveniência das consultas na delegacia, fazendo fila na porta sempre que as consultas eram marcadas. Em um mês, 10% dos policiais entrevistados se consultaram com os médicos.

"No primeiro momento, alguns médicos tinham suas dúvidas" com relação às consultas na delegacia, conta Geihsler. "Eles achavam que ia apenas aumentar sua carga de trabalho." Mas os médicos descobriram que gostavam de fazer essas avaliações, pois assim podiam gerenciar a assistência médica dos seus pacientes com mais eficiência e mais informações.

A ideia de levar o processo de saúde para o local de trabalho nasceu, em parte, das experiências anteriores de Geihsler com clínicas públicas para populações de baixa renda. As pessoas simplesmente não vão lá, diz ela. Preocupadas em pagar suas contas, elas geralmente têm dois ou três empregos e ainda precisam cuidar de crianças ou pais idosos. Geihsler entendia o comportamento. "Todos os membros da minha família são fazendeiros ou algum tipo de trabalhador assalariado pobre", conta ela. "Eu sou a única com seguro de saúde. Se eu dissesse para a minha irmã, que tem dois empregos, 'ei, que tal fazer um *check-up*?', ela responderia 'ótimo, onde arranjo tempo para isso?'"

Não que as pessoas não estejam interessadas na sua saúde. Elas pensam e falam no assunto o tempo todo. Mas para milhões de norte-americanos, comportamentos saudáveis e consultas médicas custam tempo e dinheiro que eles não têm. Segundo Geihsler, a melhor maneira de encontrar essas pessoas e convencê-las do contrário é por meio dos seus empregadores, as pessoas que já estão pagando pelo seguro de saúde dos trabalhadores. "Por que eles não iam gostar de um programa preventivo que melhora a saúde dos funcionários e reduz os custos de saúde dos empregadores?"

Quando Geihsler saiu do Advocate, o grupo médico estava dando lucro e excedia as expectativas orçamentárias havia mais de seis anos. Ela atribui esse fato ao bom gerenciamento, executado por pessoas que sabem como construir clínicas médicas e que podiam operar de modo independente do hospital.

Geihsler continuou com seu estilo inovador quando se mudou para Boston em 2006, onde se tornou diretora-executiva de outra clínica que enfrentava problemas: a HealthOne, que foi reorganizada como Atrius Health, proprietária da Harvard Vanguard Medical Associates.

Geihsler conta que sempre ficou incomodada com a incapacidade das clínicas médicas normais de intervir com pacientes sofrendo de doenças crônicas. Pense, por exemplo, em um paciente hipertenso que visita o médico quatro vezes em dois anos, sempre reclamando dos mesmos sintomas. Todas as quatro vezes ele ouve que deveria parar de pôr sal na comida e começar a fazer exercícios. "Nós deveríamos procurar esses pacientes entre as visitas", diz ela, "para fazer que melhorem o comportamento e não tenham um derrame".

Mesmo pacientes que normalmente seguiriam um regime saudável podem parar de se alimentar corretamente e de fazer exercícios regulares caso sofram um evento traumático, tal como um divórcio ou morte na família. Geihsler realizou reengenharia nos processos das clínicas gerais da Atrius para criar o que chama de "instrutores intermediários", conselheiros médicos que procuram esses pacientes em intervalos regulares para garantir que seu comportamento não saiu dos trilhos.

Quando deixou a Atrius, em 2008, Geihsler fundou uma nova empresa, a Activate Healthcare. Com sede em Indianápolis, a organização adota o modelo de Geihsler de serviços de saúde no local de trabalho para reduzir os gastos dos empregadores com seguros. Sua missão: "Permitir que os funcionários assumam o controle da sua saúde e os empregadores assumam o controle dos seus custos de saúde". Mais uma vez, isso significa tirar os médicos dos seus consultórios e levá-los aonde os pacientes estão no seu horário de trabalho.

"Descobrimos que, em uma empresa normal, entre 30 e 70% dessas pessoas não têm um clínico geral", diz Geihsler. Quando alguém pergunta se tem, muitos dizem que vão sempre ao mesmo médico, entretanto, mais perguntas revelam que uma parcela significativa não consulta com ele há anos.

> *"Descobrimos que, em uma empresa normal, entre 30 e 70% dessas pessoas não têm um clínico geral."*

O modelo da Activate diz que o médico e o instrutor de saúde devem passar uma hora com cada funcionário nos escritórios da empresa cliente. Durante essa hora, eles devem realizar um exame físico, criar um plano de ação que aponte para problemas presentes ou potenciais e definir que comportamentos o funcionário deve adotar. Os instrutores de saúde entram em contato com os funcionários regularmente para ajudá-los a cumprir o plano.

Convencer os funcionários a comer alimentos adequados para suas condições de saúde é sempre um desafio. A Activate está explorando uma série de opções, entre elas contratar restaurantes para entregar comida saudável nos escritórios, caso os funcionários expressem interesse. Essa medida elimina o perigo dos funcionários saírem do local de trabalho para almoçar e desenvolverem um apetite pouco saudável por *fast food* e outras escolhas ruins para a sua saúde. A Activate também ajuda os empregadores a desenvolverem planos de benefícios que encorajem comportamentos saudáveis.

Na promoção do modelo de assistência no local de trabalho, Geihsler descreve uma experiência médica típica: Você está com dor de garganta, dor de ouvido, infecção do trato urinário ou algum outro problema comum. Você liga para o médico para perguntar o que fazer e a enfermeira insiste que precisa ir ao consultório. Você está sem tempo e/ou sem dinheiro, então espera dois ou três dias e o problema parece sumir. Mas você não sabe se ele se resolveu ou se está apenas oculto, esperando para reaparecer. Em ambos os casos, você passou algum tempo sofrendo e, na opinião de Geihsler, não havia necessidade disso.

Ela insiste que há uma maneira melhor. O médico que atende no local realiza uma entrevista de admissão completa e um *check-up* de novos pacientes, incluindo uma análise de seu estado físico e emocional, históricos familiares e estilos de vida. Os instrutores de saúde mantêm contato regular com os pacientes para atualizar seus registros e acompanhar seu progresso em direção às metas do plano de ação. Agora, quando um paciente liga dizendo que está com dor de garganta, o médico pode atender o telefone com conhecimento de causa e prescrever uma solução, confiante de que a enfermeira ou enfermeira clínica local estará presente para monitorar a situação.

Na verdade, Geihsler espera que os médicos que seguem seu modelo um dia poderão dedicar o tempo entre as sete e nove horas da manhã para responder *e-mails* e ligações telefônicas dos pacientes. Com informações atualizadas sobre cada paciente ao alcance dos médicos, além da garantia de que auxiliares treinados estão disponíveis nos locais de trabalho, eles podem tomar as decisões certas de modo rápido e fácil, e oferecer alívio imediato para pacientes com tosse, congestão, dermatite de contato e outras doenças semelhantes que afetam o nosso conforto com alguma regularidade.

O objetivo maior, lembra Geihsler, é melhorar a qualidade da prestação de serviços de saúde; não apenas a qualidade do tratamento que os pacientes recebem para lesões ou doenças, mas a qualidade da sua saúde durante toda a vida. E ela acredita que o modelo pode cumprir esse objetivo ao alterar o modo como os médicos trabalham e interagem com os pacientes. "Não é só uma questão de como trato você depois de virar diabético", insiste. "O importante é se eu poderia ter impedido que você virasse diabético e não consegui."

◆ **Aproveite ao máximo o tempo do médico**

Um veterano fazendo sua especialização em cardiologia e medicina interna em uma das instalações da Harvard Vanguard estava liderando uma consulta compartilhada. Nesse tipo de consulta, até doze pacientes, alguns acompanhados de parentes, consultam o mesmo médico ao mesmo tempo. Essa inovação é uma das várias reformas de processo que Zeev Neuwirth espera que melhorem o acesso à saúde e aumentem a eficácia da prestação de serviços. Ele também espera que elas facilitem o trabalho do médico, que está cada vez mais complexo.

Como era de se prever, nem todos os médicos colegas de Neuwirth adoraram a ideia das consultas coletivas. Os pacientes seriam honestos em grupo? Se ressentiriam da perda de privacidade? O médico poderia investigar os problemas pessoais de cada paciente nessa situação? Ou dar más notícias?

Os pacientes se sentavam em um semicírculo de cadeiras em uma grande sala de reuniões. O médico era auxiliado por uma enfermeira, um documentador que anotava suas observações no prontuário médico de cada paciente e um facilitador que ajudava o processo a avançar. Um paciente antigo, vamos chamá-lo de Bob, estava falando dos seus últimos sintomas quando disse de repente: "Sabe, acho que estou deprimido, e preciso de ajuda".

Depois da sessão, o médico segurou um colega para conversar. "Há anos digo ao Bob que ele está deprimido, e ele nunca acredita. Agora, na primeira consulta coletiva, ele se levanta e admite isso. Eu quase caí da cadeira!"

A autodescoberta súbita de Bob, conta Neuwirth, não foi um momento atípico das consultas coletivas. "Quando os pacientes vão a uma consulta pessoal", diz ele, "muitas vezes não conseguem falar de um problema novo ou obter as informações de que precisam. Talvez eles reconheçam que o médico está ocupado ou apenas esqueçam de perguntar. Muitos pacientes se sentem isolados e vulneráveis, pois estar doente ou ter uma doença crônica pode ser muito solitário". As consultas coletivas, explica Neuwirth, criam uma espécie de rede social. Os pacientes se sentem mais à vontade para falar dos seus sintomas e tratamentos e descobrir o que os outros estão vivenciando.

A manifestação de Bob comprova a eficácia das consultas compartilhadas, mas sua maior eficiência é igualmente valiosa. Ao dividir o trabalho do médico em consultas de pacientes e contratar terceiros para anotar o prontuário, fazer perguntas e facilitar a conversa, a consulta coletiva permite que o médico se concentre no que faz de melhor. Ela também permite que os médicos atendam os pacientes em paralelo em vez de um a um, o que aumenta drasticamente a largura de banda de um processo que sempre foi linear. A sessão de 90 minutos do cardiologista com 12 pacientes teria demorado três horas se cada um tivesse recebido consultas individuais de apenas 15 minutos.

E por serem eficientes e eficazes, as consultas compartilhadas estão se tornando mais populares na medicina. De acordo com a American Academy of Family Physicians, 8,4% dos médicos ofereceram essa opção aos pacientes em 2008, enquanto apenas 5,7% o fizeram em 2005. A Harvard Vanguard oferece quase 40 visitas coletivas regulares em especialidades como medicina interna, dermatologia e oftalmologia, com dezenas de outras em fase de planejamento.

No princípio, a abordagem coletiva foi desenhada para dar aos pacientes acesso aos seus médicos sem as demoras de dias ou semanas que eram tão comuns e, ao mesmo tempo, usar o tempo dos médicos de maneira mais eficiente. Mas as pesquisas sugerem que eventos compartilhados podem inspirar melhor cumprimento das orientações médicas. Em alguns estudos, por exemplo, diabéticos que participam de consultas compartilhadas tiveram níveis de glicose sanguínea menores do que pacientes em estágios semelhantes da doença que participavam apenas de consultas individuais.

As consultas em grupo parecem ser muito populares com os pacientes. Em uma pesquisa de 2008 com 720 entrevistados que participaram de consultas compartilhadas na Harvard Vanguard, 77% afirmaram que aceitariam participar de outras no futuro, enquanto apenas 5% disseram que não fariam. A mesma pesquisa indicou que 73% acharam que seus relacionamentos com os médicos melhoraram por causa das consultas compartilhadas.

No começo de uma consulta de acompanhamento normal, antes do médico entrar na sala, o facilitador pede que todos os pacientes assinem um acordo no qual prometem não divulgar o que os outros disserem durante a sessão. Enquanto isso, uma enfermeira verifica os sinais vitais dos pacientes e oferece os medicamentos de que precisam. O facilitador também anota o nome dos pacientes e o motivo da sua presença em um quadro branco. Em um segundo quadro branco, ou em um computador, ficam todas as informações de que o médico precisa sobre o histórico médico de cada paciente.

O médico obtém o histórico e realiza um breve exame físico com base nos sintomas do paciente, informando problemas e conclusões para que o documentador possa inseri-los no prontuário médico. Se os sintomas ou problemas exigirem que o paciente tire a roupa para um exame físico mais completo, este é realizado atrás de uma cortina. O médico informa o diagnóstico e plano de tratamento com base em suas descobertas, responde as perguntas do paciente e passa para a próxima pessoa.

Depois de completar o histórico e exame físico do paciente, o médico verifica o trabalho do documentador para garantir que todas as perguntas foram respondidas e nenhum problema foi ignorado. Enquanto o médico analisa quaisquer anotações pregressas com o documentador, o facilitador começa uma conversa entre os pacientes. Depois que Bob disse que estava deprimido, por exemplo, o facilitador perguntou: "Quem mais teve problemas com tristeza ou depressão? Vamos falar disso um pouco". Em geral, um paciente se manifestava, depois outro, descrevendo sintomas e tratamentos até que o facilitador decidisse desviar a conversa para o próximo assunto.

Em algum momento, o médico poderia opinar com sugestões sobre a depressão. Todavia, de acordo com Neuwirth, a parte que os pacientes consideram mais benéfica nas consultas coletivas não é a contribuição do médico, mas, sim, a discussão em si, o processo de compartilhar conhecimentos e experiências entre os próprios pacientes.

O tratamento coletivo é especialmente apropriado para algumas consultas. Sessões pós-operatórias com cirurgiões, por exemplo, costumam ser cheias de palestras repetitivas. Em consultas médicas compartilhadas, o cirurgião pode verificar rapidamente as condições pós-operatórias de, por exemplo, uma dúzia da pacientes que operaram os músculos do ombro, responder suas perguntas e dar a palestra-padrão, tudo de uma só vez.

Em seguida, os pacientes podem compartilhar suas experiências no processo de recuperação compartilhado.

Como diz Neuwirth: "Pense em quantas vezes um médicos diz a mesma coisa em uma mesma semana em cada consulta. São minipalestras sobre pressão alta, dietas, dores de cabeça, dor nas costas, efeitos colaterais de medicamentos, instruções pré e pós-operatórias. Se o médico conseguisse dizer tudo isso para uma dúzia de pacientes ao mesmo tempo, pense em quanto tempo estaria economizando. Em vez de um minuto de informação, o médico teria alguns minutos para realmente ensinar os pacientes, e também para ouvir o que está acontecendo com cada um. Além disso, os pacientes teriam a oportunidade de apoiar e fazer perguntas uns aos outros".

No entanto, mesmo quando compreendem os benefícios, nem todos os médicos gostam do modelo de consultas compartilhadas. Alguns dizem que não querem desistir dos relacionamentos íntimos e cheios de conhecimento que cultivaram com pacientes de longa data. Mas Neuwirth acredita que a experiência coletiva é inerentemente superior. "As pessoas querem compartilhar seus problemas médicos e querem ouvir sobre os das outras pessoas também", diz ele. "A saúde deveria ser uma atividade comunitária. O desenvolvimento da consulta individual em contextos de assistência ambulatorial foi um passo em falso da medicina. Fazer cirurgia em um paciente de cada vez faz sentido. Usar o mesmo modelo para doenças crônicas e prevenção não faz."

Neuwirth conta que parte da preferência dos pacientes por consultas compartilhadas nasce de uma curiosidade quase mórbida sobre os problemas alheios. Ao mesmo tempo, os pacientes simpatizam de verdade com os outros. Em consultas compartilhadas, eles sempre "se voluntariam para ajudar uns aos outros", diz Neuwirth.

Neuwirth avisa que os médicos e suas equipes precisam de treinamento para garantir o sucesso das sessões compartilhadas. "A maioria dos médicos e suas equipes não é competente nesse tipo de experiência", afirma. O facilitador, o documentador e o assistente clínico precisam ser treinados para suas tarefas junto ao médico. Com o treinamento e o contexto apropriados, os pacientes podem ter a experiência relaxante e aprofundada que hoje é quase impossível de se produzir em consultas individuais. Quanto aos médicos, diz Neuwirth, "eles voltam ao motivo pelo qual quiseram estudar medicina: enfocar o paciente e oferecer assistência médica com base em relacionamentos".

UMA LISTA DE VERIFICAÇÃO PARA PROCESSOS

- Você identificou os processos para os quais a reengenharia poderia produzir melhorias significativas em eficiência e qualidade? No último capítulo deste livro, falaremos um pouco mais sobre como focalizar seus esforços de reengenharia, mas certifique-se de que escolheu áreas que produzirão mudanças importantes. Apesar de termos aconselhado que você "comece pequeno", seus resultados ainda precisam ser significativos. Suas metas de processos e resultados devem ser instigantes o suficiente para que os clínicos prestem atenção no que está fazendo.

- Você pode demonstrar resultados com velocidade suficiente para manter o avanço do projeto? É importante que as pessoas envolvidas com a reengenharia vivenciem rapidamente alguma mudança de sucesso no trabalho. Quanto antes sentem os benefícios da mudança do trabalho, mais rápido elas se engajam. Os primeiros indicadores de sucesso também mostram que você está avançando na direção certa.

- Ao estabelecer os objetivos da mudança de processo, você avançou o suficiente para lidar com as questões sistêmicas que estão causando ineficiência e prejudicando a segurança? Mudanças incrementais podem parecer mais fáceis, entretanto, a menos que avance o suficiente, você pode acabar apenas acobertando os problemas em vez de melhorar de verdade o local de trabalho.

- Você selecionou um líder para o processo de reengenharia que tenha o respeito dos outros clínicos? Falaremos mais sobre isso no próximo capítulo que trata de pessoas, mas os profissionais de saúde só podem ser liderados por alguém cujo conhecimento e estilo eles respeitem.

- Você tem o apoio da equipe executiva da empresa? Os detalhes da mudança na prestação de serviços de saúde virão de baixo para cima, mas o envolvimento e apoio dos níveis superiores também é essencial para grandes mudanças. Se você não tiver esse apoio, seu potencial será limitado. As páginas a seguir oferecem alguns conselhos sobre como conquistar o apoio de que necessita.

- Você está enfocando processos povoados com pessoas inteligentes e engajadas? Procure áreas que conhece e nas quais há pelo menos um catalisador para dar início à mudança.

- Você está preparado para uma longa jornada de reengenharia? Apesar de enfatizarmos o foco e o começo em contextos menores no qual o sucesso está ao seu alcance, a reengenharia será uma jornada, não um evento isolado. Quanto mais tiver sucesso nas mudanças, mais seu apetite por elas irá crescer, especialmente na prestação de serviços de saúde, em que tantas são necessárias. Com um bom ritmo, as mudanças não acabarão com as suas forças e a alegria do sucesso lhe ajudará a seguir em frente.

- O redesenho do processo trabalha a fragmentação dos serviços de saúde? Um dos objetivos da reengenharia deve ser trabalhar em um ciclo completo de cuidados médicos que pode ser gerenciado pelo médico e pelo paciente. Os cuidados serão prestados em múltiplos locais, incluindo consultórios, clínicas, hospitais, locais de trabalho e a residência do paciente, e todos precisarão estar devidamente conectados entre si.

- A sua melhoria de processos leva a pacientes mais engajados e bem informados, capazes de tomar decisões mais inteligentes? O que o paciente ouve e aprende é fundamental. A educação precisa ser integrada aos processos de prestação de serviços. Ela não pode ficar em segundo plano.

- Quando estiver pronto, você terá melhorado significativamente a vida de médicos, pacientes e funcionários? Obviamente, melhorias drásticas nos resultados clínicos devem ser o objetivo da reengenharia, mas o seu sucesso também será medido pelo modo como pacientes e médicos sentem a mudança na qualidade das suas vidas.

Apenas começamos a descrever os inúmeros processos médicos que precisarão ser transformados na reengenharia dos serviços de saúde. Desde o nascimento até a hora da morte, a maior parte de nós passa por centenas, talvez milhares, de processos em hospitais, clínicas e consultórios, sem falar de todos aqueles em escolas, escritórios, farmácias, ambulâncias e helicópteros de emergência, ou talvez em locais de acidentes ou quando saímos para esquiar nas férias. Os locais são infinitos, e todos podem ser melhorados. Tudo o que conta, como destacamos neste capítulo, é como as mudanças de processo serão realizadas e a necessidade de manter a mente aberta, enquanto as pessoas encarregadas da reengenharia da saúde arriscam novas abordagens.

Todos nós que estamos envolvidos com a saúde, não apenas a alta gerência, precisamos estar prontos para aceitar as mudanças, enquanto aprendemos a trabalhar em um novo mundo. Esse é o assunto do próximo capítulo.

CAPÍTULO 5

LEMBRE-SE DAS PESSOAS

George Bernard Shaw disse que "as pessoas que vencem neste mundo são as que procuram as circunstâncias de que precisam e, quando não as encontram, criam".

Como ficou claro até aqui, a reengenharia da saúde precisa tirar vantagem dos grandes avanços tecnológicos modernos e, além disso, os processos de saúde também precisam ser transformados. Mas nenhuma dessas mudanças pode acontecer se não dermos atenção ao lado humano da equação. Afinal de contas, a saúde costuma ser uma questão muito íntima, pessoal e emocional. As habilidades e comportamentos das pessoas que prestam serviços de saúde são cruciais em qualquer reforma.

A probabilidade dos médicos verem a transformação como especialmente difícil é muito grande. Para eles, a questão não é de habilidades ou conhecimento profissional, pois a maioria está mais do que à altura em ambos os quesitos. Também não falta o desejo de melhorar os serviços de saúde. Porém, enquanto individualistas treinados para serem o centro do trabalho, eles tendem a ter poucas habilidades de construção de equipes e quase nunca acreditam que uma melhoria precisa de mudanças reais no modo como trabalham ou em seus relacionamentos com pacientes e colegas. Além disso, quase todos passaram a maior parte da sua vida adulta praticando medicina, então sua exposição aos métodos gerenciais empregados em outros setores da economia foi muito limitada. Seja como for, eles estão errados, é claro, e seu comportamento precisa mudar. Sem a participação ativa dos médicos, a reengenharia dos serviços de saúde está fadada ao fracasso.

> *Mudar o comportamento alheio nunca é fácil. Mas alguns profissionais do mundo da saúde de hoje estão criando as circunstâncias necessárias ao liderarem seus colegas em direção a um futuro mais eficiente e eficaz.*

Mudar o comportamento alheio nunca é fácil. Mas alguns profissionais do mundo da saúde de hoje estão criando as circunstâncias necessárias ao liderarem seus colegas em direção a um futuro mais eficiente e eficaz. Além de valiosas, as lições aprendidas com esses reformadores também são replicáveis. Nas próximas páginas, explicamos como você pode seguir o seu exemplo.

♦ Inspire seu pessoal com o sucesso alheio

Quando Zeev Neuwirth começou sua iniciativa de reengenharia na Harvard Vanguard Medical Associates, ele introduziu suas reformas discretamente e apenas no setor de medicina interna. Além dos problemas tecnológicos e de processos em nível organizacional, ele não queria ter de lidar com uma clínica cheia de médicos e gerentes céticos. Mais tarde, Neuwirth foi nomeado Vice-Presidente de Inovação e Eficácia Clínica, com a missão explícita de provocar mudanças. Foi então que percebeu que não chegaria a lugar algum sem o apoio e entusiasmo dos líderes clínicos e administrativos da organização.

Para conquistá-los, Neuwirth apresentou os resultados incríveis da reestruturação de uma organização de saúde semelhante à Harvard Vanguard. Foi preciso ser muito persuasivo, mas Neuwirth conseguiu convencer quatro chefes da clínica em Massachusetts a não trabalharem por quatro dias e viajarem com ele a Appleton, Wisconsin. Foi assim que os chefes de cirurgia, medicina interna, operações e finanças da Harvard Vanguard visitaram a ThedaCare, cujos 5.000 funcionários trabalham em quatro hospitais, uma clínica médica e uma série de serviços de saúde comunitários.

O ceticismo dos chefes não era pouco, mas Neuwirth tinha muitas esperanças com essa visita. "Eu não consegui dormir na noite antes de partirmos de Boston", conta. "Eu pensava: se isso não der certo, se eles não enxergarem a importância disso tudo e que as mudanças são possíveis, está tudo acabado."

Alguns minutos depois de chegarem na ThedaCare, os visitantes se reuniram com o vice-presidente de operações clínicas, que perguntou sobre o trabalho que estava sendo feito na Harvard Vanguard. O chefe de serviços cirúrgicos da Harvard Vanguard, que estava ao lado de Neuwirth, mencionou um projeto de redesenho que começara recentemente no setor de ortopedia, com o objetivo de melhorar a produtividade em 25%. "Isso é ótimo", respondeu o VP da ThedaCare. "Acabamos de realizar um projeto semelhante na ortopedia e melhoramos a produtividade em 400%." O VP começou a descrever como o milagre foi realizado, tudo de um modo "simples e elegante, e com uma humildade desconcertante", lembra Neuwirth. O chefe da Harvard Vanguard se virou para Neuwirth e disse "se não aprendermos algo mais nos próximos dois dias, tudo o que acabei de ouvir já fez a viagem valer a pena".

Em outro momento da visita, o diretor financeiro da Harvard Vanguard começou a ficar desconfiado. Ele quis que o então diretor executivo da ThedaCare, o Dr. John Touissant, divulgasse o perfil financeiro da organização. "Quero saber o resultado final", disse o diretor financeiro. "Quanto dinheiro vocês gastaram nesse esforço de reengenharia e quanto já recuperaram?"

Touissant respondeu que seu próprio diretor financeiro fora responsável por controlar esses valores durante os dois anos necessários para completar o projeto inicial de redesenho. Durante o primeiro ano, o esforço gastou 2 milhões de dólares e a empresa recuperou 12 milhões. No ano seguinte, os resultados foram idênticos. A seguir, Tousssaint informou seu diretor financeiro (talvez de brincadeira) que o departamento financeiro seria o próximo a passar por uma reengenharia. O resultado seria outros milhões de dólares em custos que seriam cortados das operações do departamento financeiro.

Neuwirth, com sua câmera de vídeo portátil, filmou o diretor financeiro da Harvard Vanguard concordando silenciosamente, chocado, mas também impressionado.

♦ Mude habilidades e, às vezes, mude pessoas

Não é segredo que pacientes idosos têm dificuldades com medicamentos. Em um estudo recente de pacientes entre 57 e 85 anos de idade, uma equipe da Universidade de Chicago descobriu que metade dos entrevistados estava tomando cinco medicamentos controlados por dia, além de suplementos alimentares. O paciente pode desenvolver problemas graves se esquecer ou não ouvir todas as instruções do médico sobre como tomar os remédios, se ingerir mais do que foi receitado ou se pular uma dose.

Em 2005, a Novant Health, um grande sistema hospitalar sem fins lucrativos do estado da Carolina do Norte, quantificou o problema. Depois de receberem alta, pacientes com 65 anos de idade ou mais têm o dobro da probabilidade dos outros pacientes de serem tratados no pronto-socorro devido a eventos adversos a medicamentos (EAMs). Eles também têm uma probabilidade sete vezes maior de serem readmitidos ao hospital.

O farmacêutico, cuja função vital no mundo da saúde é conhecida há muitos anos, tem a solução. Antigamente, os farmacêuticos japoneses e seus assistentes eram objetos de reverência. Na verdade, o farmacêutico imperial estava acima dos dois médicos pessoais do imperador. Hoje, nos Estados Unidos, os farmacêuticos locais muitas vezes oferecem uma proteção crítica a seus clientes idosos.

Segundo determinação do programa Medicare Part D, relativo a medicamentos controlados, o computador do farmacêutico lista todos os remédios que o paciente idoso está tomando e avisa sobre possíveis interações perigosas, desde que o paciente use a mesma farmácia com alguma consistência. Os farmacêuticos também podem repetir as instruções e dar conselhos aos clientes, tais como "tome este antes de dormir" ou "não tome este aqui de barriga vazia".

Mas os farmacêuticos hospitalares são diferentes. A maioria trabalha em segundo plano, com pouco contato direto com os pacientes do hospital ou com os médicos que prescrevem medicamentos. O relatório da Novant falava sobre como seria possível implementar algumas mudanças e como os profissionais de saúde poderiam se unir para melhorar a experiência do paciente com medicamentos controlados.

A Novant entendia que os pacientes idosos não estavam tomando *overdoses* ou ignorando as instruções dos médicos de propósito. Em vez disso, os esforços do hospital no sentido de educar os pacientes sobre seus medicamentos muitas vezes eram esquecidos ou confundidos quando eles voltavam para casa. Mas o problema era complicado. Para começar, os farmacêuticos e médicos do hospital não sabiam que outros remédios os pacientes já tinham em casa. O problema era agravado pelo fato de que alguns pacientes chegavam ao hospital sem um estoque dos seus medicamentos normais e acabavam obtendo novas receitas. Quando chegavam em casa e encontravam as embalagens antigas, alguns tomavam ambas ao mesmo tempo, arriscando uma *overdose*. Uma solução seria desenvolver um processo de alta melhor, com pessoas treinadas para trabalhar com os pacientes depois de saírem do hospital e voltarem para casa.

Em 2006, a Novant realizou um processo de reengenharia em seu programa pioneiro de gestão da doença. A organização fortaleceu o processo de alta em seus 12 hospitais de modo a enfocar melhor as necessidades de pacientes idosos. Em vez de apenas mandar as pessoas para casa com as instruções e receitas escritas de sempre, a Novant adicionou dois pontos de verificação cruciais em seu programa de extensão Safe Med. Os farmacêuticos foram treinados para oferecer acompanhamento, ligando para a residência de pacientes idosos depois da alta. Eles também confirmavam as receitas dos pacientes, incluindo medicamentos que já estivessem nas suas residências, e ofereciam instruções sobre doses apropriadas, efeitos colaterais e interações medicamentosas negativas.

Os farmacêuticos também deixaram telefones de contato e pediram aos pacientes ou a seus familiares que ligassem sempre que tivessem alguma pergunta. As informações coletadas com as ligações foram inseridas em um banco de dados eletrônico de saúde e compartilhadas com seus médicos, o que oferecia a ambos, médicos e pacientes, uma lista reconciliada dos medicamentos de cada paciente.

Nan Holland é a diretora sênior de excelência clínica da Novant e esteve presente no nascimento do Safe Med. Holland conta que o programa inovador chegou muito perto de fracassar.

Os médicos da Novant defenderam o programa durante a fase das novas ideias, e foram garantidos aprovação e financiamento corporativo. Mas depois que o Safe Med foi testado em um hospital, os planejadores descobriram dois problemas graves. Holland lembra que o primeiro surgiu porque o plano não entendia a importância de contratar "cinco farmacêuticos que tinham as habilidades certas e o relacionamento certo para conversar com os pacientes". No princípio, os farmacêuticos selecionados não estavam acostumados a trabalhar diretamente com os pacientes e a dar conselhos sobre seus medicamentos. Eles preferiam trabalhar nos consultórios médicos e ver os pacientes durante ou logo após a consulta, um processo que médicos e pacientes consideravam uma intromissão e uma distração. "Nossos médicos ficaram frustrados", conta Holland. "E nos disseram: 'eu simplesmente não entendo o que estamos tentando fazer aqui.' Eles queriam ajuda, mas o modelo não funcionava."

No princípio, houve uma tentativa de interagir com os pacientes no momento da alta hospitalar, ou seja, no instante em que os pacientes estão saindo do hospital. Segundo Holland, "no dia da alta, os pacientes estão pensando quase que apenas em sair do hospital. Eles não são um público muito receptivo e essa não é uma boa hora para tentar envolver o paciente." Construir um relacionamento ou oferecer instruções adequadas sobre medicamentos estavam fora de questão.

Holland e sua equipe encontraram soluções para ambos os problemas. Eles redesenharam o processo de educação do paciente, optando por entrevistas telefônicas assim que os pacientes chegavam em casa, e contrataram farmacêuticas com experiência em trabalhar diretamente com os pacientes. Não demorou para que todos os 12 hospitais da Novant adotassem o programa Safe Med.

Todas as semanas, os farmacêuticos recebem uma lista com pacientes idosos de alto risco que receberam alta dos hospitais da Novant. Eles examinam os documentos de alta dos pacientes, em busca de sinais de problemas atuais ou possíveis com os medicamentos. Eles também enfocaram quatro tipos de medicamentos que estão envolvidos em muitos eventos adversos a medicamentos: anticoagulantes (para "afinar o sangue"), antidiabéticos, sedativos e digoxina (usada para tratar problemas cardíacos).

Os farmacêuticos, usando modelos desenvolvidos pelas equipes da Novant de Safe Med e Gestão da Doença, fazem as ligações. Eles passam os primeiros minutos da conversa deixando os pacientes mais confortáveis com o processo, e, em seguida, pedem que recolham todos os seus medicamentos e leiam os rótulos para o farmacêutico. O objetivo é garantir que o suprimento do paciente corresponde à lista de medicamentos nos documentos de alta. A leitura também revela quais medicamentos e suplementos não controlados o paciente pode estar usando, além de medicamentos receitados por outros médicos. Depois que os remédios do paciente foram identificados, o farmacêutico explica o propósito e a maneira correta de utilizar cada um, incluindo possíveis efeitos negativos e interações com outros medicamentos.

Terri Cardwell, farmacêutica e gerente do programa, informa que, durante uma conversa, é muito comum que o paciente levante problemas ou preocupações que podem não ter sido discutidas com o médico e que podem ter um impacto significativo no processo de recuperação.

Quando a conversa termina, os farmacêuticos inserem a avaliação da medicação no sistema de prontuário eletrônico de Gestão da Doença da Novant, além do que aprenderam com ela. Os dados também incluem a avaliação do farmacêutico sobre o paciente e sugestões de possíveis mudanças no seu medicamento. O material é enviado diretamente para o médico do paciente. O processo todo, incluindo preparação, conversa e finalização, demora, em média, uma hora.

Maior responsabilidade do farmacêutico gerou reclamações de alguns médicos da Novant. "No começo, havia alguma preocupação em relação a fornecer as informações do paciente quando não se está presente, ou então sobre os farmacêuticos aumentando o escopo do seu trabalho", conta Holland. Mas o problema foi resolvido com uma conserva sobre todos os problemas junto ao comitê diretor médico, que precisa aprovar todas as fases dos programas de gestão da doença. No princípio, diz Holland, os membros do comitê não estavam totalmente envolvidos com o conceito de reengenharia em si, mas agora "é um grupo muito dinâmico. Em algumas noites, praticamente precisamos fugir da sala quando a reunião se encerra. Eles oferecem muitas opiniões e são muito engajados com a construção desses programas. Eles gostam da colaboração."

O Safe Med já provou seu valor muitas e muitas vezes. Ao fazer a ponte entre pacientes e prestadores de serviços de saúde, o projeto melhorou a vida dos pacientes e reduziu drasticamente os índices de readmissão relacionados com EAMs. Os pacientes que participam do programa expressam sua gratidão ao farmacêutico por dar as informações e ferramentas de que precisam para melhorar o modo como utilizam seus medicamentos. O programa também diminuiu a probabilidade de reações a medicamentos e de retorno ao pronto-socorro ou hospital. As admissões relativas a eventos adversos a medicamentos caíram de 17,9% das admissões totais para apenas 4%.

O projeto também demonstrou como os farmacêuticos podem ser uma parte ativa da equipe de saúde e agregar mais valor à prestação de serviços. Em 2008, o Safe Med recebeu o prêmio da American Society of Health-System Pharmacists (ASHP) por excelência na segurança do uso de medicamentos. Durante a cerimônia, um apresentador elogiou a equipe do programa: "Vocês provavelmente fizeram mais pela nossa profissão com esse programa do que todos nós juntos conseguimos em muito tempo." A retórica faz parecer que alguma epidemia terrível foi eliminada, mas falta muito para chegarmos a esse nível. Ainda assim, o foco e a atenção dados à gestão de medicamentos estão tendo um impacto real na segurança do paciente, além de sinalizar o que a reengenharia pode fazer por pessoas ao redor do mundo.

- ♦ **Empregue as habilidades das suas enfermeiras**

Estávamos quase no final da nossa entrevista com Maggie Lohnes, a administradora de gestão de informações clínicas do MultiCare Health System em Tacoma, no estado de Washington. Havíamos ouvido enquanto ela nos contava sobre o começo da sua carreira médica na Califórnia, como enfermeira, seus oito anos trabalhando com terapia intensiva e, então, seu fascínio com a tecnologia da informação.

"É a minha paixão", disse ela. "Eu quero ser enfermeira desde os 10 anos de idade. Quando tomei a decisão de parar de cuidar de pacientes diretamente, foi difícil. Mas é meu novo jeito de prestar assistência."

Lohnes nos contou sobre as iniciativas que desenvolvera para conquistar o apoio dos clínicos do MultiCare para o projeto de prontuário eletrônico do paciente. E então fizemos uma pergunta que estava nos incomodando há muito tempo: Por que tantos líderes de esforços de reengenharia que encontrávamos em todo o país eram enfermeiras, não médicos?

Por que tantos líderes de esforços de reengenharia que encontrávamos em todo o país eram enfermeiras, não médicos?

"Porque somos muito espertas", ela brincou, antes de falar seriamente. "As enfermeiras são ensinadas a prestarem atenção ao mesmo tempo nos sistemas vitais do paciente e nos sistemas de monitoramento. Somos treinadas para confiar no nosso conhecimento e reagir do modo correto, quando necessário, e para ficarmos calmas durante todo o processo. Enfermeiras e médicos são muito parecidos nesses aspectos, é claro, mas os médicos podem gritar."

Ficamos com a impressão de que ela estava descrevendo alguém que pensa em termos de sistema, com uma relação próxima e íntima com cada processo de saúde, e que também tem um forte investimento emocional no bem-estar dos seus pacientes. E a enfermeira, com menos poder e ego do que o médico, também tende a ser mais flexível e aberta à possibilidade de mudanças. Essa combinação cria uma capacidade incrível de liderar o tipo de trabalho transformador que estamos descrevendo neste livro.

A lição: Na hora de planejar e implementar qualquer projeto de reengenharia da saúde, nunca ignore as contribuições inteligentes e valiosas da equipe de enfermagem.

♦ Convoque líderes jovens e cheios de energia

Quando Zeev Neuwirth começou a reengenharia da prestação de serviços de saúde na Harvard Vanguard Medical Associates em Boston, suas metas eram muito maiores do que as campanhas de qualidade de curta duração que hospitais e clínicas desenvolvem de tempos em tempos. Em geral, elas se resumem a uma enxurrada de discursos, *e-mails* e reuniões que tentam criar entusiasmo e atividades. Aqui e ali, alguns números mudam por um tempo, e a organização declara vitória. Para Neuwirth, isso tudo seria apenas um primeiro passo. "Precisamos estabelecer uma infraestrutura de responsabilidade." Na prática, seria uma nova cultura, que incentivaria os médicos, outros clínicos e funcionários da instituição a mudarem o modo como trabalham e se adaptarem a modos novos e profundos de prestar serviços de saúde.

Como informado anteriormente, Neuwirth conquistara o apoio da alta gerência do grupo. Mas ele acreditava que, para o programa ter sucesso, os líderes clínicos e administrativos precisariam mostrar o caminho. "Por melhor que seja a liderança institucional central", diz ele, "o progresso na saúde acontece no nível prático. Nunca assisti ou ouvi falar de um avanço que tenha ocorrido sem que um líder clínico da linha de frente local tenha dado um passo além."

> *O progresso na saúde acontece no nível prático. Nunca assisti ou ouvi falar de um avanço que tenha ocorrido sem que um líder clínico da linha de frente local tenha dado um passo além.*

Na Harvard Vanguard, isso não deveria ter sido um problema. A organização estava recheada de profissionais de alta qualidade, alguns dos melhores médicos dos Estados Unidos. Quem mais poderia liderar seus colegas em direção à mudança?

Mas alguns médicos mais graduados hesitaram, e por um motivo compreensível. Os clínicos não são treinados para serem líderes de equipe, gerentes de desempenho ou comunicadores. Como liderar uma mudança não está no currículo das faculdades de medicina, residências e *fellowships*. Muitos médicos e chefes de departamento que trabalhavam havia bastante tempo na Harvard Vanguard tinham dificuldade em imaginar como as mudanças poderiam ocorrer. Dada a oportunidade de experimentar algo novo, sua resposta era "não, obrigado".

Enquanto Chefe de Inovação e Eficácia Clínica da Harvard Vanguard, Neuwirth poderia ter insistido. Em vez disso, ele decidiu contornar a falta de interesse dos funcionários mais graduados e começar com os futuros líderes da organização, que tinham um pouco de entusiasmo e energia. Ele escolheu 20 profissionais da geração seguinte de clínicos para formar o núcleo de uma nova Leadership Academy em reengenharia transformadora. Ansiosos por progresso e ainda não acomodados, os médicos mais jovens estavam animados com a oportunidade proposta por Neuwirth.

Os futuros líderes se reuniam durante apenas duas horas por mês no começo do programa. "Eu gosto de começar bem pequeno com coisas desse tipo", conta Neuwirth. Ainda assim, a resposta foi incrível, tanto dos próprios participantes quanto das enfermeiras e dos administradores de toda a organização que lidavam com os jovens médicos.

As atitudes começaram a melhorar a olhos vistos e houve uma explosão de eficiência e cooperação. A opinião geral era tão positiva que, três ou quatro meses depois, os chefes de departamento começaram a pedir para serem incluídos. Neuwirth ficou feliz em expandir o programa para aceitar os recém-convertidos.

Neuwirth realizou entrevistas e reuniões para determinar as necessidades imediatas dos líderes médicos no seu dia a dia. Ele desenhou um currículo de 80 horas e contratou especialistas externos para ajudar com o ensino de certas habilidades, tais como estabelecimento de objetivos, processos de avaliação, planejamento de mudanças, gestão de desempenho e estimativa de custos e benefícios. Mas era tudo muito diferente de um programa de MBA. Mais do que o conteúdo, o importante era o que acontecia quando as aulas terminavam e os alunos começavam a aplicar o que haviam aprendido.

Segundo Neuwirth, em geral os médicos alocados a funções operacionais e administrativas tendem a chegar a certo nível e param de evoluir. "Eles aprendem algumas novidades nos primeiros meses, depois param, às vezes, por anos. Dezenas de médicos já me disseram que nos primeiros seis meses ou um ano das suas funções administrativas, seu desenvolvimento pessoal foi enorme. Mas eles não aprenderam muito nos últimos 15 anos como chefes. Alguns podem ter participado de seminários e cursos de liderança uma ou duas vezes e era isso."

"É triste e perigoso", continua Neuwirth. "É uma receita de estagnação e de como manter o *status quo*. Acho que um dos motivos pelos quais a prestação de serviços de saúde não está mudando com a velocidade que poderia é porque não criamos uma comunidade de líderes que sabem aprender."

A Leadership Academy abre os olhos dos pupilos de Neuwirth para as alegrias da profissão, diz ele. De repente, todos estão crescendo e se desenvolvendo de novo: lendo artigos, experimentando, discutindo novas ideias com colegas e fazendo *networking* com profissionais em outros departamentos e especialidades. Neuwirth conta que a participação na academia é uma experiência revolucionária e que pode apenas fazer a prática da medicina progredir, tanto operacional quanto clinicamente.

A última sessão do programa expandido de Neuwirth produziu mais um resultado positivo. Durante nove meses, 35 homens e mulheres, quase todos médicos, mas incluindo algumas enfermeiras e administradores, se reuniam uma vez por mês para sessões intensas de quatro a seis horas de duração. Para a grande maioria, seus aprendizados e sua experiência em implementar os novos conhecimentos transformara seu trabalho e suas vidas. Eles começaram a formar equipes clínicas nas quais todos os membros, do assistente clínico à enfermeira, da secretária ao médico, tratam uns aos outros com respeito e trabalham todos os dias para analisar e melhorar a prestação de serviços de saúde. Eles se tornaram os missionários da reengenharia da Harvard Vanguard.

"Os olhos se encheram de lágrimas durante o último seminário. Todos ficaram muito comovidos com suas experiências nos últimos nove meses", conta Neuwirth. "A troca de experiências fez que todos ficassem muito unidos. E para os chefes cujas carreiras haviam parado de evoluir, o programa devolvera a sensação de crescer e melhorar. Todos tinham mais senso de propósito, mais esperança."

Nas sessões de abertura da academia, Neuwirth apresenta uma mensagem que encontra eco em toda a clínica. Ele lembra seus colegas de como o sistema, talvez por acidente, menospreza os médicos e reduz sua capacidade de provocar mudanças reais quando os classifica de "líderes intelectuais". Esse nome sugere que eles não sabem fazer as coisas na prática. "Vocês não estão cansados de serem tratados como robôs inteligentes, como técnicos muito habilidosos que apenas cumprem as ordens alheias?" Em seguida, Neuwirth lança um desafio aos alunos: "Vocês não querem mudar a saúde de verdade? Bem, esta é a sua oportunidade". A academia tem um lema corajoso, uma frase que Neuwirth criou quando estava a caminho de uma sessão da Leadership Academy: "Transformamos líderes intelectuais em líderes de ação."

E a ação é parte integral do currículo. Desde a primeira sessão, Neuwirth surpreende os colegas ao dizer que não está interessado em quanto eles vão aprender na academia e que se o único objetivo é aprender, eles deviam fazer um pós-graduação. Neuwirth mede o sucesso pela geração de mudanças positivas em cada departamento e clínica e na Harvard Vanguard como um todo, que é também o objetivo principal da academia. Antes mesmo da primeira sessão, os participantes devem escrever quais são suas metas específicas para a geração de mudanças. Depois, as metas são digitadas, inseridas em seus *laptops* e discutidas junto à turma.

Antes do final de cada aula, o aluno anota um ou dois aspectos que pretende mudar em suas práticas a partir do que acaba de aprender. E, no começo de cada sessão, os alunos passam os primeiros 45 minutos falando sobre o que aconteceu no último mês, as mudanças que tentaram implementar, os desafios que enfrentaram, o que aprenderam e o resultado final de tudo isso.

O impacto dessa abordagem orientada a ações fica óbvio na Harvard Vanguard. Mais de 150 médicos, enfermeiras e administradores de toda a empresa participaram da Leadership Academy, "unindo e alinhando toda a organização por meio de uma rede de liderança distribuída", conta Neuwirth. Mais de 80% dos participantes foram promovidos ou alocados a alguma iniciativa organizacional estratégica importante.

Em uma reunião recente no departamento de Obstetrícia e Ginecologia, por exemplo, todos os membros do departamento se uniram para transferir o grupo de um hospital para outro depois de 25 anos. "É literalmente o tipo de coisa que faz muitas pessoas pedirem demissão", conta Neuwirth. "Mas ninguém levantou a voz e ninguém discordou da direção geral em uma reunião de três horas com mais de cem participantes. Foi um fenômeno. A Dra. Susan Haas, chefe do departamento, merece o crédito, assim como os outros líderes clínicos presentes." A mudança aconteceu, em parte, porque mais de dez membros do departamento haviam participado do programa de liderança desenvolvido por Neuwirth.

Antes da grande reunião, o chefe reuniu os médicos com treinamento em liderança e apenas disse: "Eu preciso da ajuda de vocês. Todos são líderes. Estamos nisso juntos e todos entendemos os desafios da mudança e a importância de deixar nossas diferenças de lado para criarmos a melhor assistência ao paciente possível. Essa é a montanha que temos de escalar." O grupo respondeu com a criação de ideias plausíveis que foram apresentadas aos médicos, técnicos, parteiras, administradores e outros participantes da reunião.

Neuwirth considera que esse tipo de liderança aplicada e trabalho em equipe na apresentação de novas ideias em situações delicadas é uma forma de inovação. "É *marketing* social interpessoal, mais próximo de uma organização comunitária de raiz do que de uma abordagem cheia de planilhas eletrônicas ao redesenho de processos", diz Neuwirth. O resultado é que ela transforma culturas e atrai novos talentos. Na verdade, a transformação da prestação de serviços de saúde na Harvard Vanguard, essa "cultura de inovação", como conta Neuwirth, está se tornando "o grande argumento de venda" dos profissionais da organização na hora de recrutar novos médicos.

A maior parte dos esforços da Leadership Academy se concentra nas interações dos clínicos com os outros membros da equipe. Os médicos aprendem uma nova maneira de se comunicar, uma abordagem que trata os outros funcionários como iguais e busca sua ajuda para melhorar as operações da equipe. "Falhar não é motivo para vergonha. A melhoria da assistência ao paciente é o objetivo, obviamente", diz Neuwirth. "Mas você precisa tentar e fracassar e aprender, e depois tentar de novo com algo diferente e melhor. Essa é a história da maioria das pessoas ou grupos de sucesso."

A academia ensina um protocolo para essa abordagem mais simpática, incluindo um linguajar que ajuda a criar relacionamentos novos e melhores. A expressão "sim, mas" é desencorajada, por exemplo. Quando um funcionário oferece uma opinião contrária, os alunos da academia nunca rejeitam a alternativa imediatamente. Em vez disso, eles são ensinados a fazer perguntas ou então a dizer algo do tipo: "Como podemos trabalhar a partir do que Fulano disse?"

Mais recentemente, para melhorar os resultados da academia, Neuwirth se reuniu com alguns ex-alunos e seus colegas. O grupo incluía enfermeiras, assistentes clínicos, secretárias, administradores e médicos. Ele ouviu as histórias, que a essa altura já conhecia muito bem, de chefes que surpreenderam enfermeiras e administradores com mudanças de comportamento drásticas e com uma nova capacidade de liderança. Ele também descobriu que os ex-alunos da academia ainda estavam praticando o que aprenderam, e aproveitando o aumento da eficiência e fortalecimento dos relacionamentos da equipe que suas lições possibilitaram.

Neuwirth fez uma descoberta ainda mais surpreendente e gratificante: a mesma abordagem e linguajar colaborativos ainda eram usados no setor de Medicina Interna em Kenmore, onde introduzira a prática quase cinco anos antes. É uma prova da sustentabilidade de tudo que construíra na Harvard Vanguard.

Durante a conversa, Neuwirth percebeu que certa expressão vivia aparecendo. Ele não fez qualquer comentário na hora, mas sua alegria enquanto descrevia a experiência era óbvia. "Uma pessoa dizia 'eu quero trabalhar a partir do que a Rebecca disse', e, alguns minutos depois, alguém dizia a mesma coisa. A técnica que eu ensinara não era apenas parte do seu vocabulário, mas também da sua cultura. Ela se tornou parte integral de como tratam uns aos outros." Ele fez uma pausa, e então acrescentou: "Não é à toa que os resultados lá são ótimos."

Acreditamos que Zeev Neuwirth está certo: Na saúde, assim como em outros setores, os avanços surgem quando os líderes têm a coragem e o bom senso de abandonar práticas ultrapassadas e começam a aproveitar o talento, sonhos e ideias de uma nova geração. Se Neuwirth não tivesse procurado os futuros líderes da Harvard Vanguard quando os funcionários mais experientes rejeitaram a mudança, a reengenharia dessa clínica teria se esfacelado. Em vez disso, ele começou uma transformação incrível que serve de exemplo para profissionais de saúde de todo o país.

> *Na saúde, assim como em outros setores, os avanços surgem quando os líderes têm a coragem e o bom senso de abandonar práticas ultrapassadas e começam a aproveitar o talento, sonhos, esperanças e ideias de uma nova geração.*

UM *CHECK-LIST* DO LADO PESSOAL

- Você ajustou seu estilo operacional de modo a trabalhar as mudanças em interações sociais entre os membros da sua equipe? A reengenharia da prestação de serviços de saúde exige uma intervenção social para criar respeito mútuo entre os membros da equipe.

- Você documentou problemas de qualidade, segurança e ineficiência e encontrou exemplos de como outros conseguiram resolver esses problemas? Os clínicos precisam de provas de que as novas abordagens à prestação de serviços de saúde irão dar certo. Não se esqueça de que a segurança dos pacientes está em jogo.

- Você identificou os clínicos que irão liderar suas iniciativas de reengenharia? Nossas pesquisas e experiências mostram que todo esforço de reengenharia precisa ser liderado por um clínico. O trabalho dos clínicos não pode sofrer reengenharias externas. O esforço precisa ser realizado por eles e com eles.

- Você engajou os missionários da sua organização, os profissionais que irão incentivar seus colegas a se envolverem com mudanças? Nenhum líder conseguiria mudar sozinho a prestação de serviços de saúde. Ele precisa da ajuda de outras pessoas com a mesma sede de mudança, visão do futuro e disposição para transformar ideias em realidade.

- Você definiu como os comportamentos devem mudar? É importante identificar como os comportamentos contribuem para problemas de qualidade, segurança e ineficiência, e depois agir de modo a mudar esses comportamentos.

- Você tem as pessoas certas nas equipes de reengenharia? Elas têm a substância (o que sabem) e o estilo (como operam) para concretizar as mudanças? O conhecimento sobre as áreas a passarem por reengenharia é um fator fundamental. Muita coisa está em jogo para que você possa confiar em um entendimento superficial da área.

- Depois que um novo processo é implementado, você tem as pessoas certas nos cargos certos e com as habilidades certas? Em geral, a reengenharia permite que as pessoas demonstrem uma gama maior de habilidades. Às vezes, no entanto, é preciso contratar novos profissionais, com outras habilidades, para realizar o trabalho.

Como os últimos três capítulos demonstraram, o trabalho de reengenharia precisa levar em consideração as três áreas principais: novas tecnologias, processos modificados e mudanças no comportamento das pessoas que fazem o trabalho. O próximo capítulo oferece um exemplo de como os três podem ser fundidos. Ele analisa o modo como Tom Knight realizou a reengenharia da saúde, com foco em qualidade e segurança, em um dos principais sistemas de saúde de Houston.

CAPÍTULO 6

APRESENTANDO TOM KNIGHT, REENGENHEIRO

Quando fala dos riscos dos serviços de saúde, o Dr. Tom Knight gosta de lembrar da vez que levou seu filho e sua filha a um acampamento de aventura no Missouri. Um dos desafios envolvia escalar um poste de dez metros de altura para se colocar de pé sobre uma plataforma; quando chegavam lá, as crianças pulavam para se agarrar a um trapézio parado a quase dois metros de distância. As crianças estavam presas a um arreio e amarradas a um ponto no solo, mas o pulo em si era um salto de fé.

E Knight diz que estar em um hospital é igualmente assustador. "Nós pedimos aos pacientes que deem saltos de fé todos os dias. Pense na fé necessária para que uma enfermeira administre um medicamento intravenoso que vai chegar no seu coração em 10 segundos. É o remédio certo? Ela conferiu? É assustador." E Knight sabe muito bem disso. Seu trabalho, em poucas palavras, é estender a rede de segurança e garantir que ela esteja firme. Neste capítulo, você verá como Knight está liderando essa missão no gigantesco Methodist Hospital System, em Houston, no estado do Texas, ao redesenhar o modo como os serviços de saúde são prestados.

Tom Knight é Vice-Presidente Sênior e Diretor Executivo de Qualidade no complexo hospitalar de quatro unidades (um quinto hospital está em construção, com inauguração marcada para novembro de 2010). Sua carreira sempre foi marcada por uma obsessão com segurança do paciente e qualidade da assistência. Sua paixão ficou óbvia em empregos anteriores, no Forsyth Medical Group em Winston-Salem, Carolina do Norte, e no California Pacific Medical Center em San Francisco, assim como em sua liderança de organizações profissionais, tais como o National Committee for Quality Assurance.

Agora chegou o momento da qualidade da saúde estar no centro das atenções, e Knight com ela.

Incentivadas por grupos de consumidores, pela mídia e especialmente pelo governo norte-americano, essas questões se tornaram uma parte urgente da pauta dos hospitais do país. Os pagamentos dos programas Medicare e Medicaid, por exemplo, hoje aumentam ou diminuem junto com a capacidade do hospital de reduzir complicações que podem ser atribuídas aos seus procedimentos.

A ironia, conta Knight, é que as coisas que parecem mais simples costumam ser as mais difíceis de acertar. Mãos sujas ou mal lavadas, por exemplo, são famosas por espalhar doenças dentro e fora dos hospitais. Mas fazer que todos lavem as mãos antes e depois de entrar em contato com um paciente é um processo incrivelmente difícil, diz Knight. Com um índice de mais de 95%, o Houston Methodist pode declarar vitória na guerra pela lavagem de mãos, mas a vitória não foi fácil.

"Passamos por um programa que incorporava muitos componentes", diz Knight.

"Mas como lavar as mãos é uma questão cultural ou habitual, não algo que a tecnologia pode resolver, os líderes do hospital precisam modelar e inspirar, não gerenciar."

E eles conseguiram de maneiras inovadoras, uma das quais Knight brinca que era "fazer a liderança apostar junto". Qualquer líder sênior que fosse pego sem lavar as mãos corretamente ou sem aplicar gel antibacteriano depois de entrar ou sair de uma área de assistência ao paciente pagava uma multa na hora. O culpado era forçado a entregar uma nota de 20 dólares imediatamente.

O controle dos medicamentos dos pacientes é outro buraco negro no sistema hospitalar norte-americano. "Seria de imaginar que a mesma tecnologia que permite realizar uma angioplastia complexa em um paciente com ataque cardíaco apenas 47 minutos depois dele chegar ao hospital", diz Knight, "também nos deixaria descobrir que remédios você está tomando quando dá baixa e o que deveria tomar quando recebe alta. No entanto, esse é o grande desafio do sistema de saúde norte-americano."

"Os problemas são o volume enorme, a quantidade média de medicamentos controlados que os pacientes que chegam ao hospital recebem", explica Knight, "a quantidade de médicos receitando medicamentos e a falta de coordenação nessa área. E depois, quando você chega ao hospital, acaba interagindo com muitos médicos diferentes, em geral várias vezes. Então, fazer que todos esses fatores trabalhem em harmonia e fazer que os medicamentos certos de todos os pacientes entrem ao mesmo tempo em uma lista unificada, bem, é um desafio gigante."

A maior parte dos esforços de melhoria da segurança e qualidade são prejudicados pela falta de avanços culturais e de infraestrutura. Knight descreveu a situação graficamente ao sugerir uma foto que representava a saúde como o avião dos Irmãos Wright, o *Flyer*, com as turbinas de um Boeing 747 instaladas na pequena estrutura de madeira e tecido. Ou seja, Knight acredita que os avanços em diagnóstico e tratamento superaram a infraestrutura de prestação de serviços de saúde. Essa percepção o levou a realizar reengenharia no modo como o Methodist Hospital trabalha. E ele está seguindo exatamente o caminho que aconselharíamos, em termos das três pedras fundamentais: tecnologias, processos e pessoas.

> *Os avanços em diagnóstico e tratamento superaram a infraestrutura de prestação de serviços de saúde.*

"Antigamente", conta Knight, "o pessoal de controle da qualidade mediria, pediria que você fizesse um trabalho melhor e voltaria seis meses depois para ver como você estava se saindo". Hoje, ninguém mais tem o luxo do tempo.

Enquanto diretor de qualidade, Knight precisa se envolver diretamente com o processo para ajudar as pessoas a descobrirem como podem trabalhar melhor. "Hoje, meu emprego é facilitar a reengenharia dos processos de trabalho (...) [que serão] seguidos pelos médicos e por todos os membros da equipe." O segredo é não causar transtornos ao incorporar as principais mudanças ao processo de prestação de serviços de saúde. "Precisamos descobrir como fazer que a coisa certa seja também a mais fácil."

O Methodist, um dos maiores complexos médicos privados sem fins lucrativos dos Estados Unidos, atende mais de 600 mil pacientes por ano. A organização possui uma grande tradição de avanços de saúde, incluindo o primeiro transplante múltiplo de órgãos do mundo, e está sempre presente entre as melhores instituições do setor no *ranking* compilado pela revista *U.S. News & World Report*. No entanto, assim como a maioria dos outros líderes do setor médico, o Methodist reconhece que reformas em larga escala são essenciais.

O principal problema técnico enfrentado pelo Methodist na reengenharia dos seus processos, conta Knight, foi o "excesso de partes móveis: médicos e enfermeiras demais, receitando medicamentos demais para pacientes demais. Além disso, os pacientes enfrentavam uma burocracia confusa e gigantesca, que os obrigava a interagir com uns 27 clínicos e funcionários durante uma hospitalização de quatro dias. E a complexidade de coordenar 27 indivíduos estava sobrecarregando a capacidade do hospital de se comunicar com os pacientes de um modo simples, direto e sem atrasos. Isso sem falar que a complexidade é um laboratório de erros."

Para atenuar os gargalos comunicacionais, o hospital tentou padronizar os procedimentos dos pacientes, com atenção especial às informações sobre pacientes específicos que elevassem seus perfis de risco.

Um processo trabalhado pelo Methodist, a solicitação de testes e tratamentos por parte dos médicos, demonstra a complexidade da reengenharia como um todo. Como quase sempre acontece, o redesenho começou com uma nova tecnologia.

Há décadas que os palestrantes de convenções médicas perguntam ao público qual o equipamento médico mais importante de todos. A resposta certa não é uma tecnologia de ponta, como o aparelho de ressonância magnética, mas a simples caneta. Com uma caneta em mãos, o palestrante lembra que ela controla todos os aspectos do tratamento do paciente. O médico anota suas prescrições no formulário contido no prontuário do paciente e fim de história.

Hoje, essa resposta simples não funciona mais. A combinação de má caligrafia por parte dos médicos, de registros mau cuidados e de equipamentos e procedimentos extremamente complicados acaba causando erros perigosos. Assim, Knight e o Methodist se voltaram para a prescrição médica eletrônica (mais conhecida como PME), uma inovação tecnológica que organiza a assistência ao paciente.

A decisão de adotar uma solução tecnológica foi apenas o primeiro passo. A PME elimina muitos problemas de segurança, tais como erros de transcrição e caligrafia. Ela também permite o uso de alertas automáticos para problemas como doses acima dos níveis recomendados e interações medicamentosas. Entretanto, também gera seus próprios riscos. A PME deve ser incorporada de modo harmônico e seguro ao fluxo de assistência. Os processos que estão sendo informatizados precisam ser redesenhados, é necessário consquistar o apoio dos médicos e medidas de segurança adicionais devem ser implementadas para manter o bom funcionamento do sistema de assistência ao paciente. Uma equipe composta de médicos, enfermeiras, farmacêuticos, outros cuidadores e membros da gerência sênior foi montada para avaliação dos diversos sistemas disponíveis e para escolher a tecnologia que poderia ser integrada aos procedimentos existentes do hospital. O grupo também precisou escolher que tipos de salvaguardas seriam integradas ao sistema sem a geração de atrasos. Quando um médico prescreve um teste ou tratamento, a velocidade de execução quase sempre é crucial para os resultados do paciente. Finalmente, a equipe precisou selecionar um fornecedor que conseguiria cumprir as prescrições.

A jornada está muito bem encaminhada, mas ainda vai precisar de um ano e meio antes que possa terminar. Hoje, todos os medicamentos e prescrições no Methodist precisam ser inseridos no banco de dados central do hospital. Dois robôs gigantes no porão do prédio colocam um código de barras em cada dose dos medicamentos dados aos pacientes.

A documentação é outro problema grave. Knight conta que ela é motivada principalmente por questões regulatórias. "Há tantos itenzinhos que precisam ser cumpridos, espalhados por todo o prontuário. Ficamos preocupados com a possibilidade de perder o componente de pensamento crítico, a observação dos pacientes. Lutamos muito para tornar a parte de documentação bastante eficiente, de modo que o cuidador tenha tempo e motivação para ser crítico e reavaliar o paciente."

Foi por isso que o Methodist Hospital recentemente pilotou o que chama de "rondas de qualidade", uma inovação que combina a mudança de processos com novas tecnologias. Knight as descreve "como uma hora exclusiva, durante a qual cada enfermeira encarregada ou gerente faz dupla com alguém da liderança ou controle da qualidade, em geral acompanhada de outros membros da equipe, médicos, farmacêuticos e gerentes de casos. Eles fazem a ronda juntos, coletando informações que depois são resumidas visualmente pela nova ferramenta eletrônica que criamos. A ferramenta permite que a enfermeira veja de uma só vez todos os principais procedimentos de qualidade e segurança que foram completados corretamente para cada paciente".

"O processo tem dois segredos, e o principal é o que chamo de informação do ponto de antedimento", continua Knight. "Ela permite que a enfermeira se concentre nas coisas que precisam ser trabalhadas em cada momento, por exemplo, a remoção de um cateter ou uma diretiva antecipada. A enfermeira descobre rapidamente quando o cateter e infusões IV foram inseridas, quando a dieta foi receitada ou qual o risco de úlcera de pressão. O gráfico informa a enfermeira de uma só vez sobre vários aspectos, mas ela precisaria de pelo menos meia hora para determinar todos individualmente." O piloto teve resultados muito positivos. Um hospital passou mais de seis meses sem um único caso das três infecções hospitalares mais comuns (infecções relacionadas ao cateter venoso central, infecções do trato urinário relacionadas a cateterismo e pneumonia associada à ventilação mecânica).

Mas a tecnologia não funciona sozinha. Knight reconhece que as soluções tecnológicas podem ser poderosas, mas, para terem sucesso, elas precisam estar "contidas em uma cultura". E para isso, é preciso trabalhar com pessoas, conquistando o apoio da equipe hospitalar em geral e dos médicos em particular.

> *Knight reconhece que as soluções tecnológicas podem ser poderosas, mas para ter sucesso elas precisam estar "contidas em uma cultura".*

GERENCIANDO A COMPLEXIDADE

Os quatro hospitais do Methodist administram quase 9 milhões de doses de medicamentos em um processo de 17 passos que começa quando o médico faz a prescrição e termina quando o paciente recebe o remédio. Como a maioria desses passos são realizados por seres humanos, Knight tentou cultivar uma série de comportamentos de práticas seguras nas mentes de todos os participantes. Um deles é que não pode haver multitarefa em momentos de alto risco, alguns dos quais Knight definiu para os médicos e enfermeiras ao mesmo tempo que também os incentivou a se concentrarem em suas tarefas específicas e nos momentos críticos de cada dia quando precisam estar absolutamente concentrados em procedimentos junto a pacientes.

A seguir, os clínicos do hospital precisaram concordar sobre como os modelos de prescrições, ou seja, séries de prescrições predefinidas que cobrem tratamentos aceitos para diversas condições, estavam preparados para a informatização. Cerca de 50 modelos já foram desenvolvidos, revisados e construídos. Estima-se que, ao final projeto, serão quase 400. Os modelos de prescrições ajudam a garantir que nenhuma necessidade de um paciente com uma condição específica será esquecida. Eles também oferecem lembretes sobre medidas de segurança, tais como profilaxia contra coágulos. Entretanto, todos os modelos devem estar de acordo com a estrutura do sistema de TI e ser fáceis de modificar, dependendo das necessidades de cada paciente. Não foi fácil escrever os modelos de modo a fazê-los funcionar com o os computadores da organização; demorou semanas, às vezes meses, dependendo da complexidade de cada um.

Você precisa descobrir como cada prescrição escrita é inserida, transmitida e executada hoje [antes da informatização]", diz Knight. "A eletrônica vai mudar esse processo. Então você basicamente precisa mapear tudo, desde o momento em que a pílula é uma imagem na cabeça do médico até o momento em que ela é dada ao paciente. Quais são todos os passos, quais vão precisar de reengenharia e onde estão os efeitos colaterais negativos que estamos tentando consertar?"

Felizmente, a maioria dos médicos está disposta a ajudar. "Na saúde", diz Knight, "o bom é que quase todos os profissionais escolheram fazer o bem, não apenas se dar bem financeiramente. Há um desejo inerente de melhorar a assistência ao paciente. Isso ajuda muito a cooperação, porque você precisa envolver todo mundo com a transição. Você precisa fazer que todos sintam que estão contribuindo".

Um sistema de PME é desenhado para simplificar os chamados cinco "certos" necessários antes que um medicamento seja administrado: paciente certo, medicamento certo, via certa, dose certa e hora certa. O objetivo do sistema é reduzir a probabilidade de erro humano, mas ele também cria outro nível de risco, o erro do computador.

A cooperação voluntária da sua equipe durante a fase de transição ajuda muito a aliviar a tensão inevitável que surge quando uma nova tecnologia é introduzida e processos tradicionais são redesenhados. Mas as tensões vão aumentar caso a nova tecnologia em si dê errado.

Para minimizar esse risco, o Methodist costuma utilizar a "Análise de Modos e Efeitos de Falha", um procedimento que revela problemas reais ou potenciais logo no começo. A análise descobriu falhas significativas durante o processo, especialmente em termos da dificuldade dos clínicos em operar o sistema de PME. Por exemplo, os pesquisadores descobriram que represcrever um medicamento exigia 31 passos, mas quando um médico represcrevia um remédio descontinuado anteriormente, o sistema não reconhecia este como uma prescrição ativa. A equipe analisou o processo e identificou 29 problemas, o que levou a criação de um novo protótipo, mais curto, com 23 passos, que resolvia o problema das represcrições.

Os médicos ficaram felizes e, depois da correção de todas as falhas do sistema, aprovaram os resultados. No entanto, eles precisaram ser lembrados de que não deveriam confiar cegamente na PME, pois a automação pode levar a erros. Por exemplo, quando o médico insere uma prescrição que não se encaixa nos parâmetros integrados ao sistema, a tela mostra um alerta. Se o alerta for muito sensível, ele pode surgir mesmo quando nada importante estiver errado e a decisão clínica for absolutamente apropriada.

Além de incômodos, os alarmes falsos dão origem à uma condição perigosa, a chamada "fadiga de alertas". Médicos e enfermeiras começam a ignorar o alarme, pois ele aparece com tanta frequência quando não é relevante que, quando finalmente avisa sobre algo de importante, o resultado é um desastre.

Ainda assim, tendemos a depender demais das novas tecnologias. Às vezes, os médicos baixam a guarda, imaginando que o computador avisaria se houvesse algo de errado. Ou eles veem um código de barra na embalagem do medicamento e imaginam que ele passou pela verificação apropriada. A automação pode multiplicar geometricamente os efeitos de um erro.

DESENVOLVENDO UMA CULTURA DE SEGURANÇA

"Com ou sem computadores, a administração de medicamentos é sempre um momento de alto risco", diz Knight. "Computadores programados com processos imperfeitos cometem erros com velocidade e confiabilidade incríveis. Você nunca pode depender exclusivamente deles." Parte da missão de Knight é incorporar essa mensagem ao comportamento dos clínicos. Ele transmite a mensagem com quatro lições importantes, desenvolvidas para criar uma cultura de segurança de verdade:

- Fique de olhos abertos. Nunca deixe de observar o ambiente, sempre de olho em possíveis riscos de segurança.

- Converse comigo. Você deve se comunicar vertical e horizontalmente com seus colegas e auxiliares para que todos saibam o que os outros estão fazendo e pensando em relação à segurança do paciente. Comunique-se em excesso, se necessário.

- Viva o presente. Sempre enfoque apenas o que está fazendo, especialmente durante tarefas de alto risco. Evite distrações.

- Nunca abandone seus aliados. Sempre dê apoio à equipe clínica, pois o sucesso das intervenções médicas exige trabalho em equipe com alta precisão.

Knight lembra que as quatro regras são contraintutivas e diametralmente opostas ao modo como vivemos nossas vidas. "Somos multitarefa em vez de concentrados", diz ele. "Somos péssimos em comunicação vertical e horizontal. Não prestamos mais atenção no nosso ambiente. E temos a tendência de não trabalhar bem em equipe."

Em um dos hospitais, a equipe escolheu uma maneira especial de transformar esses quatro princípios em ação. Cada gerente escolhe um instrutor de segurança em cada departamento do hospital, clínico ou não clínico. Escolhidos entre os funcionários da linha de frente, os instrutores trabalham com os supervisores para descobrir e trabalhar riscos de segurança. Alguns podem ser resolvidos na linha de frente, enquanto outros são mais sistêmicos. O Methodist faz reuniões mensais com instrutores e supervisores para que todos possam compartilhar os seus achados.

As reuniões também lidam com o problema crônico do excesso de processos. A rede de salvaguardas desenvolvida para proteção contra erros pode acabar paralisando o sistema, forçando médicos e enfermeiras a passarem horas na frente de monitores, clicando em procedimentos em vez de estarem cuidando dos pacientes. Muitas vezes, a simples aplicação de um pouco de bom senso pode superar obstáculos sem a criação de novos riscos.

Mas a maioria dos avanços é resultado de entrevistas com médicos e funcionários individuais, quando fazemos perguntas como: Quais obstáculos você enfrenta? Como você os contorna? Que problemas de segurança tiram o seu sono? "Se quiser saber como melhorar o trabalho, basta perguntar ao cara que está fazendo o trabalho de verdade", diz Knight. "Isso vale para segurança assim como qualquer outro assunto."

Mas a maioria dos avanços é resultado de entrevistas com médicos e funcionários individuais, quando fazemos perguntas como: Quais obstáculos você enfrenta? Como você os contorna? Que problemas de segurança tiram o seu sono?

O novo processo de prescrição de medicamentos foi apenas uma das tarefas complexas que Tom Knight confrontou e seguirá confrontando na reengenharia dos sistemas do Methodist. Na verdade, do seu ponto de vista, enquanto líder experiente na prestação de assistência médica segura e de qualidade, Knight acredita que a reengenharia do sistema de saúde norte-americano nunca chegará ao fim. Para ele, a transformação da saúde continuará enquanto houver médicos e pacientes no mundo.

O importante para Knight, e para todos os leitores deste livro, é saber como reconhecer as oportunidades de reengenharia e como começar a realizar as mudanças certas em tecnologias, pessoas e processos. Esse é o assunto do próximo capítulo.

CAPÍTULO 7

A CAÇA POR OPORTUNIDADES DE REENGENHARIA

A esta altura, você sabe que a prestação de serviços de saúde pode ser transformada de modo a beneficiar os pacientes, os médicos e as pessoas que pagam a conta. Quase todas as áreas da saúde oferecem oportunidades de melhoria e nenhuma está livre de erros, ineficiência ou custos crescentes. Os clínicos sempre reclamam de falhas da assistência de saúde, mas também sempre descrevem histórias de sucesso inspiradoras que trabalham as causas sistêmicas dos problemas.

Mas então por onde um clínico, hospital, pagador, sistema integrado ou clínica começaria a enfrentar seus próprios desafios? Assim como qualquer esforço de reengenharia, escolher áreas de oportunidade específicas é uma arte e uma ciência. Em parte, o ponto de partida determina seu sucesso no longo prazo.

ESCOLHENDO UM PONTO DE PARTIDA

O primeiro campo de trabalho no qual você precisa realizar reengenharia pode não passar de um único processo, por exemplo, o modo como o raio X vai do consultório do radiologista para o do cirurgião ortopédico. Ou ele pode ser amplo e incluir o trabalho de toda uma unidade hospitalar, como a patologia. Uma escolha ainda mais ambiciosa, mas que não recomendaríamos como seu primeiro esforço, seria realizar reengenharia do trabalho necessário para tratar uma doença crônica, como diabetes ou hipertensão. Esse trabalho envolveria diversos segmentos de uma organização de saúde e se estenderia além dos seus limites.

Pior ainda seria tentar realizar a reengenharia de uma organização de saúde toda ao mesmo tempo. Outros já tentaram, mas demora literalmente muitos anos para acertar o projeto. Enquanto isso, provavelmente muitas pessoas envolvidas vão se aposentar ou trocar de emprego, metodologias e tecnologias vão melhorar e novas complicações vão surgir.

Nossa pesquisa mostra que vários fatores afetam a escolha de um campo de trabalho para reengenharia. Em geral, o médico enxerga uma oportunidade de melhorar a qualidade dos serviços de saúde, resultados ou experiência dos pacientes. Os médicos reclamam muito sobre a disfunção, mas, na verdade, é ela que indica a necessidade, ou seja, a oportunidade de melhorias. O erro médico é o indicador mais comum de disfunção, mas também já vimos exemplos na forma de longos atrasos antes do diagnóstico e tratamento, maus resultados depois do tratamento, doenças ou condições recorrentes que poderiam ser prevenidas e mau tratamento inicial de um problema do paciente.

Em alguns casos, a disfunção foi tão grave que colocou em risco a reputação e prestígio do hospital, sistema ou clínica. Em outros, os custos operacionais do trabalho envolvido estavam tão descontrolados que ameaçavam a saúde financeira da organização. Finalmente, um elemento de pragmatismo sempre é parte da decisão de onde realizar reengenharia. Pense consigo mesmo: As condições organizacionais permitirão o sucesso do esforço de mudança?

Vamos ser específicos sobre como procurar oportunidades de reengenharia. Para começar:

♦ Concentre-se nas áreas de risco

A prestação de serviços de saúde sempre tem riscos implícitos, com perigos que se estendem muito além do sucesso de cada tratamento médico específico. Transferências e complexidades apenas pioram o problema. No capítulo anterior, Tom Knight brincou que as fontes desses riscos e o desafio de eliminá-los lembravam uma turbina de 747 presa ao biplano que os Irmãos Wright pilotaram em Kitty Hawk, Carolina do Norte.

"Nenhum setor jamais assistiu tanto progresso tecnológico quanto a saúde nas últimas duas ou três décadas (...) além de provavelmente a informática", conta Knight. "Mas os avanços foram todos na área de diagnóstico e terapia." Ainda estamos trabalhando com uma infraestrutura de serviços desatualizada e com uma cultura que quase nada mudou desde que Knight completou sua residência há mais de vinte anos.

A causa da maioria dos nossos problemas de qualidade não é a incompetência dos cuidadores, continua Knight. Na verdade, eles são, em grande parte, falhas do sistema. Segundo Knight, são as falhas de comunicação e as tarefas humanas repetitivas que prejudicam a qualidade e confiabilidade dos serviços básicos de saúde. Pensando sobre as 9 milhões de vezes que medicamentos são administrados no Methodist, todas as quais exigem precisão em aproximadamente 17 passos diferentes, ele se preocupa com o potencial de causar dano aos pacientes. "Se o índice de erros é de apenas 0,01%, isso ainda é um monte de erros".

Mas então, pergunta Knight, como alterar nossa dependência absoluta dos conhecimentos e habilidades dos profissionais de saúde? E ainda perguntaríamos: Como controlar os custos ao mesmo tempo que melhoramos a qualidade dos serviços de saúde?

Essas perguntas não têm uma resposta simples ou universal. A prestação de serviços de saúde depende de um conjunto complexo de processos. Para ajudar a garantir que o medicamento certo será dado ao paciente certo, por exemplo, tecnologias e processos (robótica, prescrições eletrônicas, códigos de barra e assemelhados) foram introduzidos à saúde. Mas o trabalho ainda consiste em uma série de tarefas, com inúmeras oportunidades de erro. Em muitos casos, a reengenharia irá simplificar o trabalho a ser realizado; em outros, serão necessárias mais atenção e verificações mais completas.

Perguntamos a Knight como identificar áreas problemáticas em potencial antes que um erro ocorra. Ele ofereceu um conselho prático muito inteligente: "Uma das melhores maneiras de identificar um erro em potencial é reunir os funcionários de linha de frente e dizer: 'Ei, o que você precisa contornar quando está trabalhando, o que está atrapalhando, o que está incomodando, o que tira o seu sono de noite em termos de segurança?'" O potencial de detectar erros antes que se concretizem e realizar correções na linha de frente é enorme, diz Knight. É possível obter informações incríveis apenas fazendo algumas perguntas e também encorajando as pessoas a informarem os quase erros, não apenas aqueles que aconteceram de fato. Knight sugere que você utilize os relatórios de erros para descobrir quais deles permitem que façamos inferências sobre o sistema.

> *Na verdade, a melhor defesa da reengenharia é enfrentar a verdade nua e crua sobre o desempenho.*

Na verdade, a melhor defesa da reengenharia é enfrentar a verdade nua e crua sobre o desempenho. Nem sempre é fácil. Knight gosta de citar um de seus parceiros e amigos no Forsyth Medical Group em Winston-Salem, Carolina do Norte, o Dr. Jack Thomas: "Quando se tem uma boa reputação, você odeia mexer com os dados". Assim como as medidas de segurança extraordinárias que as companhias aéreas foram forçadas a adotar depois do 11 de Setembro, você deve localizar os pontos de falha, reais e potenciais, ao buscar conscientemente todos os erros problemáticos e embaraçosos da sua organização. O próximo passo, claro, será começar a consertar os processos e comportamentos que estão contribuindo para as falhas.

♦ **Concentre-se nas áreas de alto custo**

Há tantos motivos para o alto custo da saúde quanto há especialistas em saúde. Alguns dizem que o motivo é a famosa medicina defensiva, ou seja, a prescrição de testes e tratamentos desnecessários por médicos que estão com medo de advogados agressivos e do excesso de processos judiciais por imperícia. Outros observadores criticam os prestadores de serviços de saúde, que se concentram demais no volume do trabalho e naquilo que podem cobrar, e não nos resultados e no valor oferecido. Os especialistas com tendências econômicas dizem que falta concorrência para conter os preços. Outro grupo põe a culpa da ineficiência do sistema de saúde na falta de medicina baseada em evidências. E também temos, é claro, um número cada vez maior de consumidores que querem pílula, aparelho médico e procedimento de última geração, quer ele ofereça qualquer vantagem em relação aos tratamentos tradicionais mais baratos ou não – e seus médicos que aceitam a exigência.

Conhecemos dados que apoiam praticamente todos os argumentos, então não nos sentimos aptos a culpar nenhuma das partes. Mas temos certeza de que o alto custo limita o acesso à saúde. E nossa experiência diz que as áreas com custos relativamente altos em qualquer sistema costumam sinalizar ineficiências, retrabalho e falhas, todos os quais tornam o sistema um excelente candidato para reengenharia.

Entretanto, os custos altos não são necessariamente um mau sinal. Também estamos passando por uma era de avanços extraordinários em diagnósticos e tratamentos médicos, o que sempre aumenta os custos nas primeiras fases de desenvolvimento. Todos têm um interesse em prestar atenção nos custos e, no mínimo, desacelerar seu aumento. No entanto, considerando a velocidade dos avanços científicos e tecnológicos, os pacientes continuarão a exigir acesso aos novos tratamentos. Logo, os custos da saúde continuarão a aumentar, a menos que a prestação de serviços se torne muito mais eficiente e eficaz e consiga compensar o custo dos novos tratamentos.

Um especialista que está sempre de olho no futuro ofereceu uma opinião diferente. Segundo ele, a ciência está avançando com tanta rapidez que logo teremos partes corporais de reposição, o que diminuirá drasticamente os custos da saúde.

Está com problemas de coração ou nos rins? É só instalar um novo. Machucou a mão? É só trocar por outra. Não aceitamos esse argumento, pelo menos não ainda durante as nossas vidas. Os avanços científicos de curto e médio prazo apenas aumentarão os custos da saúde.

Pense no que aconteceu com o tratamento para frequências cardíacas irregulares. Um desfibrilador implantável que custa 25 mil dólares ou mais substituiu os remédios que o paciente costumava comprar na farmácia local. E o indivíduo obeso que antes precisava fazer dieta, hoje pode optar pela cirurgia bariátrica ou mesmo implantar um aparelho no estômago, parecido com um marcapasso, que manda impulsos nervosos para o cérebro e informa que usuário já comeu o suficiente. Essa regra tem suas exceções, mas, em geral, a inovação continuará a aumentar os custos.

Mas então como podemos reduzir os custos da saúde ao mesmo tempo que melhoramos a qualidade dos resultados e o acesso aos serviços? A resposta é simples, o desafio está na execução. Toda unidade de saúde, desde o médico individual aos sistemas hospitalares nacionais, precisam descobrir se as áreas de alto custo oferecem oportunidades de reengenharia que diminuiriam os custos e melhorariam a qualidade. A prática da gestão da doença, na qual a assistência ao paciente passa por monitoramento e gestão ativos, já mostrou que é possível reduzir custos ao mesmo tempo que se melhora a qualidade. E o que é melhor, ainda sobraram benefícios de custos e qualidade a serem concretizados.

Cheryl Pegus, uma cardiologista com treinamento em epidemiologia e bioestatística, contou-nos sobre as oportunidades de controle de custos da gestão da doença. Pegus é a diretora-médica e a diretora de estratégia da SymCare Personal Health Solutions, uma empresa financiada por capital de risco da Johnson & Johnson. A SymCare permite que os pacientes enviem suas informações de saúde e tratamento para um depósito de dados central que pode ser acessado por telefones celulares ou via internet. Médicos ou enfermeiras encarregadas, as últimas quase todas trabalhando em gestão da doença ou para seguradoras, podem acessar os dados e oferecer o *feedback* eletrônico imediato dos clínicos de cada paciente. Além de ajudar os pacientes a cuidarem melhor de si mesmos, os dados podem ser agregados para mensurar o efeito da gestão da doença nos resultados dos pacientes.

Pegus lembra que cinco doenças (diabetes, doença cardíaca, hipertensão, doença pulmonar e asma) representam uma parcela significativa dos custos de saúde. A maioria dos profissionais de saúde concorda que enfocar essas doenças permitiria a redução dos custos dos serviços e a melhoria dos resultados.

Mas Pegus acrescenta que o próprio processo de gestão da doença precisa melhorar. A área precisa urgentemente de reengenharia. Precisamos de mais informações sobre a relação entre tratamentos e resultados e, além disso, os médicos devem se envolver diretamente com a gestão da assistência ao paciente. A enfermeira que liga para o paciente de vez em quando não é o mesmo que gestão da assistência. Também é preciso desenvolver processos para cuidar de pacientes que sofrem de várias doenças ao mesmo tempo, uma área com custos extremamente altos.

Pegus é otimista, e nós também. Ela acredita que a qualidade e o custo dos medicamentos, aparelhos e tratamentos são relativamente bons. E também como nós, ela acredita que "a grande área a ser enfocada é o fluxo de processos de como os serviços de saúde são realizados". A prestação de serviços de saúde esconde os custos excessivos.

♦ Concentre-se no trabalho do médico

Forças tecnológicas, econômicas, sociais e políticas estão mudando o trabalho dos profissionais de medicina. Mas é essencial que os próprios médicos não sejam soterrados pela mudança. Eles precisam retomar seu papel de direito no redesenho da prestação de serviços de saúde, especialmente em qualquer discussão sobre a reforma do setor. No cenário nacional, acreditamos que os médicos não participaram o suficiente do debate sobre como a prestação de serviços de saúde deve mudar.

Os médicos estão no centro do diagnóstico e tratamento, mas estão cada vez mais sobrecarregados com sistemas ultrapassados de prestação de serviços. Eles vivenciam todos os sintomas de trabalhos mal desenhados, incluindo:

> *Falhas no fluxo de informações*. Fato: ouvimos inúmeras reclamações sobre a falta de informações sobre pacientes hospitalizados encaminhados por outros médicos.

> *Exigências de informações redundantes e retrabalho*. Fato: múltiplos sistemas de prontuários exigem o uso de múltiplos formulários e relatórios.

Complexidade. Fato: há pouca padronização dos processos de prestação de serviços de saúde.

Excesso de trabalho. Fato: sistemas mal desenhados exigem mais dos médicos, estendendo seu dia de trabalho sem melhorar a qualidade dos resultados.

Ao examinar o trabalho real dos médicos e o modo como estes interagem com o trabalho de outros profissionais de saúde, você consegue descobrir como as vidas dos médicos podem ser melhoradas com a qualidade da assistência ao paciente. A maioria dos exemplos de sucesso que encontramos vem de clínicas e sociedades médicas. Na verdade, algumas das melhores ideias sobre como atenuar a carga de trabalho dos médicos provavelmente virá de enfermeiras, técnicos e outros cuidadores que acompanham de perto o cotidiano dos médicos.

Agora amplie seu foco e inclua o trabalho que é (ou poderia ser) realizado pelos mesmos profissionais que não são médicos: enfermeiras, enfermeiras clínicas, assistentes clínicos e técnicos. Pense no trabalho específico que cada membro da equipe realiza. Avalie suas habilidades e como se encaixam no processo e então use essa avaliação para diferenciar suas responsabilidades. Você também pode imitar as práticas de outros setores da economia e permitir que esses cuidadores desenvolvam mudanças para melhorar o trabalho do médico.

A Southwest Airlines, por exemplo, é famosa por ter melhorado seu tempo de resposta ao deixar que os carregadores nos aeroportos descobrissem sozinhos uma maneira mais rápida de carregar e descarregar as bagagens. Afinal de contas, eles viam em primeira mão onde estavam os gargalos na pista. O mesmo vale para a medicina. Aproveitar as perspectivas exclusivas dos membros da equipe é a opção mais inteligente.

Nossa pesquisa revelou muitos exemplos de reengenharia que envolvem toda a equipe de assistência de modo mais eficiente e eficaz. O resultado é que o tempo e as habilidades dos médicos foram aproveitados de maneiras mais produtivas.

♦ Concentre-se no paciente

Um dos principais preceitos da reengenharia diz que a mudança deve ser feita com o cliente em primeiro lugar; no mundo da saúde, o paciente é o cliente. O mistério é por que os pacientes não estão exigindo serviços melhores. Se não fosse pelo grande respeito que ainda é dado aos médicos, consumidores de saúde furiosos já estariam organizando protestos na frente de hospitais e consultórios médicos. E com razão.

Ninguém ia querer ser cliente de um banco sem caixa automático ou serviços *online*, mas a grande maioria de nós não tem acesso imediato às nossas próprias informações médicas críticas. Recebemos uma mensagem de SMS no momento em que uma encomenda é entregue na nossa casa, mas precisamos esperar uma ou duas semanas para que o consultório médico nos informe os resultados de um exame. Podemos fazer ou alterar reservas em um restaurante pela internet, a qualquer momento, mas só podemos marcar um horário com o médico entre as nove da manhã e meio-dia, segundas, quartas e quintas-feiras, e ainda pagamos multas quando faltamos à consulta.

A conveniência é algo que consideramos natural no nosso cotidiano, uma vantagem oferecida por aplicativos de celular, serviços *online* e outras inovações. Em alguns lugares, até os parquímetros podem ser pagos por SMS. Mas não é incrível que ninguém espera (ou exige) conveniência dos prestadores de serviços de saúde? Um dia a saúde também vai mudar. Ela vai ser obrigada. Os consumidores já vivem num futuro ao qual as instituições médicas estão tentando se integrar. Os inovadores não precisam se esforçar muito para encontrar bons exemplos de como melhorar os serviços oferecidos aos pacientes.

Ajudar os pacientes a lidarem com a fragmentação da saúde pode ser um desafio ainda maior. Hoje, o sistema representa um desafio para os pacientes. Alguns são derrotados pelo processo de conseguir acesso, enquanto outros têm dificuldade de navegá-lo depois de conseguirem entrar. "Criamos um especialista para cada parte do nosso corpo", diz Debra Geihsler, uma executiva de saúde que ajudou na reengenharia de três grandes sistemas. "Não se encontra mais um cirurgião geral. Não se encontra mais um ortopedista geral. São todos especialistas em ombros ou especialistas em tornozelos. Os pacientes foram divididos de todas as manerias possíveis." Depois de recortar o paciente em vários pedacinhos, obter uma imagem completa se torna um grande desafio. "O que explica porque", diz Geihsler, "no meu trabalho atual, estamos nos concentrando em treinar clínicos gerais para ter uma visão holística do paciente e gerenciar a sua assistência como um todo".

Geihsler acredita que um dos pontos de alavanca da reengenharia da prestação de serviços de saúde é o modo como os médicos se envolvem com os pacientes, especialmente em tempos de recessão econômica, quando as pessoas prestam menos atenção à sua assistência médica e ao seu bem-estar. Como explicamos anteriormente, Geihsler foi uma parte essencial do lançamento de um programa experimental em Chicago, centrado nas necessidades dos paciente, no qual os médicos visitavam os seus locais de trabalho.

Ao descrever o programa e os desafios para o paciente, Geihsler diz que "sempre que havia uma recessão, eu via como ela afetava os nossos pacientes e os meus médicos. Os pacientes atrasavam o tratamento ou não apareciam para as consultas, porque não queriam fazer o copagamento (se tinham seguro). Se precisavam de cuidados médicos, eles iam para o pronto-socorro.

"Eu tentei desenvolver uma maneira de estender a mão aos nossos pacientes, não apenas ficar parada e ser reacionária", continua Geihsler. "Precisávamos ir ao mercado e divulgar o nosso nome e ocupar nossos médicos."

Enfocar o histórico de saúde do paciente pode ser muito instrutivo. Cada caso é um caso, mas todos dependem da condição econômica do paciente e do seu acesso à assistência médica. O que não varia é a importância de entender que a maioria das experiências dos pacientes com serviços de saúde melhoraria muito se os médicos e outros gestores simplesmente se colocassem na posição do paciente e enxergassem o sistema com outros olhos.

♦ **Concentre-se nas áreas em que você pode ter sucesso**

O pragmatismo sempre deve afetar as decisões sobre onde realizar reengenharia. Os melhores campos de trabalho para os esforços de reengenharia são aqueles com o melhor "caso de ação". Estes são as áreas com oportunidades visíveis de melhorias de desempenho significativos, as chamadas "plataformas abrasantes". Uma plataforma abrasante pode ser um campo de trabalho no qual os problemas de qualidade são uma ameaça à segurança dos pacientes, ou no qual os problemas de custos estão impedindo o acesso aos serviços de que os pacientes precisam. Um caso de ação forte nasce no campo que mais consegue energizar as pessoas que devem executar as mudanças.

Às vezes, no entanto, organizações muito boas não conseguem enxergar a oportunidade ou suas próprias deficiências. Na saúde, grandes hospitais de pesquisa e universitários podem se tornar vítimas do próprio sucesso. Seus excelentes resultados médicos dificultam qualquer argumento em favor de mais melhorias de qualidade, serviços ao paciente e custos. Assim, encontrar um ponto de partida para a mudança de processos pode ser um problema difícil em organizações inteligentes, bem educadas e de sucesso.

Sugerimos que você procure áreas nas quais as equipes têm sede de mudança e muita ambição de melhorar a qualidade da assistência médica. Você saberá quem são essas pessoas quando descobrir o entusiasmo que têm com as possibilidades, pelo modo como falam de melhores resultados para os pacientes, pelo desejo de ajudar os pacientes a navegarem o fluxo de assistência e pela vontade de melhorar a vida dos clínicos ao mesmo tempo. Eles também terão muito respeito pela cultura dos profissionais de saúde, mas não terão medo de mexer com o *status quo*.

Procure áreas nas quais um líder clínico pode guiar sua equipe durante a jornada de reengenharia. Sempre ouvimos que os clínicos só podem ser liderados por outros clínicos. Pode parecer corporativismo, mas nós concordamos. A reengenharia do trabalho profissional só pode ser realizada por quem conhece bem o trabalho, mas ainda assim está aberto a mudanças.

PEGANDO AS RÉDEAS DO TRABALHO

Depois de escolher seu ponto de partida, quer seja em um campo de trabalho com altos riscos, uma oportunidade de reduzir custos, o trabalho dos médicos, as carências dos pacientes ou simplesmente o campo que parece mais aberto a mudanças, o próximo passo da reengenharia deve ser o trabalho com os processos. Mas como a mudança exige que você entenda os processos e como eles interagem entre si, antes será preciso desenvolver um mapa de todos os processos da sua organização.

O trabalho de mapeamento vai demorar mais do que você espera. Quando ele estiver pronto, no entanto, você vai entender onde o tempo, o dinheiro e os recursos são gastos e onde as falhas estão ocorrendo.

Os mapas de processos costumam cruzar barreiras organizacionais. Por exemplo, se o seu objetivo é reduzir o tempo necessário para enviar os resultados de radiologia ao médico que os solicitou, você verá que os processos começam no consultório onde o exame foi receitado, processos de instrução do paciente, processos que ocorrem no laboratório de radiologia e, então, processos que finalmente levam os resultados de volta ao médico original. O nível de detalhamento do seu mapa de processos deve mostrar todas essas atividades e tarefas.

Decidir sobre as ações necessárias para melhorar o desempenho é uma arte e uma ciência. Além do mais, essas decisões sempre começam a envolver a terceira grande pedra fundamental da reengenharia, ou seja, as mudanças que envolvem pessoas. As perguntas a seguir podem ajudá-lo a determinar por onde começar o redesenho.

- Que processos precisarão ser mudados para permitir que a nova tecnologia seja incorporada durante o próximo ano?

- Existem atividades e tarefas que hoje são realizadas por várias pessoas diferentes e que poderiam ser combinadas no trabalho de uma só?

- Os passos nos seus diversos processos são realizados em uma ordem natural?

- Você está tentando forçar múltiplas condições em um único processo ou deveria ter múltiplos processos que comportam diversas condições?

- O trabalho está sendo realizado no local em que faz mais sentido?

- O trabalho foi desenhado de modo a minimizar reconciliações?

- Podemos reduzir as verificações e controles? Ou precisamos de mais verificações e controles para melhorar a qualidade e garantir a segurança?

- Você criou pontos únicos de contato para médicos e pacientes?

- A tecnologia da informação está aprimorando ou atrasando o trabalho?

- Há redundância de dados ou reentrada de informações?

- O retrabalho é necessário? Se sim, por quê?

Essas perguntas devem ajudar a gerar ideias sobre como melhorar o trabalho, mas você ainda estará dando apenas os primeiros passos da reengenharia do sistema. Para alcançar seus objetivos, é preciso continuar a seguir nossa receita de como gerenciar tecnologias, processos e pessoas.

Um último conselho: A qualidade das suas ambições serão fundamentais para o seu sucesso. O objetivo da reengenharia da prestação de serviços de saúde deve ser um salto quântico em desempenho, não apenas algumas melhorias incrementais. Estabeleça objetivos ambiciosos. Estamos precisando de reduções radicais nos custos e melhorias drásticas em qualidade e segurança. Melhorias pequenas não resolverão os desafios da saúde. O objetivo é transformar nossos sonhos em realidade, ou seja, criar o melhor sistema de saúde possível. Tudo que pacientes e cuidadores querem e merecem está ao nosso alcance.

Um último conselho: A qualidade das suas ambições serão fundamentais para o seu sucesso.

EPILOGO

EPÍLOGO

A reforma da saúde se transformou em uma das principais questões da campanha presidencial norte-americana de 2008. Depois que o presidente Barack Obama assumiu o poder, o debate se tornou especialmente divisionista entre e dentro dos partidos políticos. As leis ganharam e perderam força; o produto final foi em grande parte uma reforma dos seguros de saúde (e não do modo como os serviços são prestados) que expandiu a cobertura, revisou regulamentações, estabeleceu mercados de seguros e determinou regras obrigatórias para empresas e indivíduos.

Uma série de projetos pilotos menores, com foco na coordenação da assistência e qualidade, sobreviveram. Mas o trabalho de "reformar" a prestação de serviços de saúde ainda está por vir. Nos próximos meses e anos, esperamos cortes nos programas Medicare e Medicaid, motivados principalmente pela necessidade de financiar a expansão da cobertura. Por causa dessas mudanças nos reembolsos, a única alternativa será a reengenharia da prestação de serviços de saúde. Na nossa opinião, é a única maneira de reduzir os custos e melhorar a segurança.

À medida que as mudanças aprovadas nas legislações atuais e futuras forem implementadas nos próximos anos, a necessidade de reengenharia se tornará ainda maior. Hospitais e prestadores de serviços enfrentarão mudanças drásticas no modo como trabalham e se envolvem com pacientes e fornecedores. Relatórios públicos, transparência, coordenação da assistência, reembolso baseado em resultados e outras iniciativas criarão uma pressão tremenda sobre as organizações, forçando-as a se adaptarem. Aquelas que tiverem experiência com o processo de reengenharia e que já implementaram a liderança e a metodologia certas irão prosperar. As outras terão dificuldades.

A boa notícia é que grande parte da reengenharia pode ser realizada dentro do próprio sistema de saúde. Mas o envolvimento de todos que dependem dos serviços de saúde profissionais para o seu bem-estar, tanto cuidadores quanto quem recebe os cuidados, é absolutamente essencial. Todos precisamos colaborar o quanto antes. Não podemos mais esperar. Vidas estão em jogo. Valores inimagináveis são desperdiçados todos os dias.

O principal objetivo de uma reforma ampla da saúde, seja ela por meios legislativos ou pela reengenharia, é melhorar o acesso aos serviços de saúde para milhões de pessoas sem seguro ao mesmo tempo que limita os custos e melhora a qualidade. Os Estados Unidos não são o único país em busca de serviços de saúde de alta qualidade e baixo custo. A China iniciou um programa enorme para expandir sua capacidade de oferecer serviços de saúde. Já os países ricos do Oriente Médio estão implementando um programa vigoroso de prontuários eletrônicos do paciente, enquanto a Grã-Bretanha iniciou um esforço nacional para padronizar os seus prontuários. Quase todos os países do mundo possuem alguma iniciativa para melhorar a prestação de serviços de saúde.

Mas a legislação e as políticas do governo não conseguiriam, por si só, completar uma reforma ampla da saúde. Uma parte crítica dessa equação está nas mãos das seguradoras, que precisam simplificar e padronizar seus processos para reduzir os custos totais da assistência de saúde. Os dados mostram que até 40% dos custos operacionais das seguradoras se destinam a processos administrativos, e não à prestação de serviços. E alguns hospitais dão baixa em até 30% dos valores cobrados devido à complexidade dos procedimentos de aprovação e cobrança.

Os incentivos de pagamentos poderiam ser reelaborados para encorajar hospitais e médicos a seguirem protocolos comprovados. Além disso, o excesso de processos judiciais deve ser contido para que possamos reduzir a prática da medicina defensiva e os custos do seguro contra imperícia que organizações e profissionais de saúde são forçados a adquirir.

Um só livro jamais poderia discutir todos os problemas da saúde. E supomos que todos os objetivos de uma reforma ampla precisariam de 10 a 20 anos para serem conquistados. Mas tentamos mostrar que tudo que os hospitais e médicos precisam para melhorar a qualidade da assistência e reduzir os custos já está disponível e à sua disposição. Não há qualquer necessidade de esperar que os governos ou seguradoras façam alguma coisa. Os governos aprovarão leis e as seguradoras ajustarão os próprio processos ou continuarão a contribuir para a ineficiência. Mas, no final das contas, apenas quem trabalha com saúde pode melhorar a qualidade e reduzir os custos.

AS QUALIDADES SUPERORDENADAS

Neste livro, mostramos como cuidadores inspirados estão fazendo seu trabalho e melhorando a qualidade da assistência prestada aos seus pacientes. Esses hospitais, médicos, enfermeiras e assistentes compartilham das mesmas qualidades superordenadas que podem inspirar todos nós. Chamamos essas características de "superordenadas" porque, em última análise, elas representam os ingredientes necessários para o sucesso das mudanças na equação da saúde.

Os itens a seguir listam o que as pessoas que tiveram sucesso na reengenharia da prestação de serviços de saúde têm em comum:

- A ambição de melhorar drasticamente a qualidade e segurança da assistência médica;

- Um respeito profundo pela experiência dos pacientes;

- Uma paixão por melhorar o resultado dos tratamentos;
- O desejo de criar um local de trabalho melhor para os clínicos;
- A sede de mudança, com foco na criação de uma organização médica de melhor qualidade;
- A liderança clínica necessária para concretizar as mudanças;
- A persistência para superar a inércia de práticas e processos existentes;
- A disposição de reconhecer seus próprios defeitos ou comportamentos negativos.

Acreditamos que, depois de reconhecerem a necessidade de mudança, as tendências inerentes de médicos e outros profissionais de saúde de fazer o bem permitirá que eles adotem e cultivem essas qualidades necessárias para as mudanças internas em suas organizações. E também temos certeza de que qualquer reengenharia significativa será acelerada quando seus beneficiários forem convencidos de que têm o direito inalienável a serviços de saúde melhores. Escrevemos em grande parte porque temos esperança de conscientizar os pacientes.

VAMOS CRIAR UM SISTEMA DE SAÚDE MELHOR

Como engenheiro e cientista, tendemos a procurar processos e sistemas naturalmente. Mas a realidade pura e simples é que o chamado sistema de saúde não é um sistema de verdade. Ele é apenas um remendo de partes ou, do ponto de vista do paciente, uma série de silos assistenciais isolados que o paciente precisa atravessar, com sorte munido das informações certas, ou pelo menos com elas presas ao pé do seu leito. Do ponto de vista do clínico, o sistema é um conjunto de peças distintas e que não se comunicam entre si, um conjunto que ele tenta fazer funcionar ao mesmo tempo que lida com processos administrativos antiquados e que apenas o distraem do trabalho real de cuidar dos pacientes.

Mas as pessoas e sistemas que você conheceu neste livro mostram como seria um sistema de verdade. Ele é centrado no paciente, educando-o e oferecendo escolhas claras. Seus médicos e assistentes enfocam o paciente, não os processos administrativos. Os prontuários eletrônicos podem ser acessados no ponto de atendimento e as escolhas dos cuidadores ficam óbvias. A assistência em si é gerenciada por meio de um ciclo completo de locais e prestadores de serviço, enquanto a prática de medicina com base em evidências e a capacidade de evitar complicações dependem de conhecimentos reais. Os protocolos determinam o que o médico faz primeiro, mas nada está acima da prevenção de doenças e da saúde geral e bem-estar do paciente. O tipo de sistema com o qual sonhamos não surgirá de uma declaração vinda de cima, nem das ordens do governo. Um sistema de verdade só pode nascer de baixo para cima, a partir de milhares de mudanças de processos executadas por milhares de cuidadores, possibilitadas por uma infraestrutura tecnológica robusta e motivadas pelos próprios pacientes.

Vamos começar as mudanças que tanto queremos e precisamos.

ÍNDICE

A

Ackerman Institute for the Family, 38-39
Activate Healthcare, 120-122
administração Bush, iniciativas e prontuários eletrônicos do paciente, 90
administração Obama, iniciativas e prontuários eletrônicos do paciente, 91
Advocate Medical Group, 118
American Society of Health-System Pharmacists (ASHP), 143
áreas arriscadas, escolhendo como ponto de partida, 175-179
áreas de alto custo, escolhendo como ponto de partida para a reengenharia, 178-182
atenção a detalhes (prontuários eletrônicos do paciente, exemplo), 84-86
Atrius Health, 120-121

B

Blue Cross/Blue Shield de Massachusetts, 56-57
Brennan, Michael D., 98

C

California Pacific Medical Center (CPMC), 110-111, 158-159
Camenga, Cathy, 110-113
campeões, identificando (prontuários eletrônicos do paciente, exemplo), 79-80
Cardwell, Terri, 141-142
Chang, Florence, 69-70, 72-75, 78-81, 85, 88-90
ciclo completo de cuidados médicos, gestão, 115-124
Clínica Mayo, exemplo (mudanças repetitivas), 106-109
clínicos
  desenho/implementação (prontuários eletrônicos do paciente, exemplo), papel no, 75-79
  desenvolvimento de pessoas, papel no, 134-135
  escolhendo um ponto de partida para a reengenharia, 181-184
  níveis de produtividade, protegendo, 81-84
  qualidades necessárias para esforços de reengenharia, 196-198

reengenharia, papel na, 30-31
visitas a locais de trabalho, 118-124
comportamento, mudanças de. *Ver* desenvolvimento de pessoas
computação em nuvem, 91-92
comunicação, 36-37, 76-77, 151-152, 162
consultas coletivas com pacientes, 123-129
consultas compartilhadas por pacientes, 123-129
CPMC (California Pacific Medical Center), 110-111, 158-159
cultura da saúde, 19-22, 56-63
cultura de segurança, desenvolvendo, 168-171

D
Davidson, Lisa, 43-44
Dell Inc., 22-23
Departamento de Polícia de Chicago, 118
desenvolvimento de pessoas, 33-34
   enfermeiras, papel das, 143-145
   gestão de medicamentos, exemplo, 137-143
   Harvard Vanguard Medical Associates Kenmore Center, exemplo, 42-50
   inspiração com o sucesso alheio, 134-138
   líderes do futuro, papel dos, 144-153
   lista de implementação, 153-155
   papel dos clínicos no, 134-135
disfunção, como oportunidade de melhoria, 174-176
documentação, 163-164

E
economia, efeito em pacientes e clínicos, 186
educação do paciente, 109-113
Eglitis, Dagmar, 45-46
Eisenberg, Matthew, 75-82, 85, 88-89
enfermeiras, papel no desenvolvimento de pessoas, 143-145
escala de melhorias de processos, 98-102
eventos adversos a medicamentos (EAMs), 137-143
exames do laboratório citológico, melhorias em, 59-61

F
farmacêuticos, administração de medicamentos, exemplo (desenvolvimento de pessoas), 137-143
fase de preparação (prontuários eletrônicos do paciente, exemplo), 72-74
feedback do paciente de melhorias de processos, 108-109
Forsyth Medical Group, 158
fragmentação da saúde, 185-186
Fritz, Robert, 42-43

G
Geihsler, Debra, 98, 115-124, 185-186
Geisinger Health System, 31-33
gestão da complexidade (segurança do paciente, exemplo), 165-168
gestão da doença, 112-116, 180-182
gestão de doenças crônicas

gestão de medicamentos, 137-143, 159-160, 166-168. *Ver também* segurança do paciente, exemplo
governo, papel na reforma da saúde, 193-197
Greenspun, Harry, 21-25

H
Hammer, Michael, 17-18
Harvard School of Public Health, 43-44
Harvard Vanguard Medical Associates, 120-121
   abordagem de pessoas à reengenharia, 42-50, 144-153
   abordagem de processos à reengenharia, 50-57
   inspiração com o sucesso alheio, 134-138
   Projeto LEAD, 56-58
HealthOne, 119-120
HIMSS (Healthcare Information and Management Systems Society), 66-67
Holland, Nan, 139-141
Huntington Memorial Hospital, 68-69

I
implementação, única *versus* por fases, 86-88
informações de ponto de atendimento, 164-165
inspiração com o sucesso alheio, 134-138
interações medicamentosas, 159-160. *Ver também* gestão de medicamentos, exemplo (desenvolvimento de pessoas)

J
Johns Hopkins, 22-23

K
Knight, Tom, 103, 158-171
   cultura de segurança, desenvolvendo, 168-171
   gestão da complexidade, 165-168
   melhorias tecnológicas, 158-165
   segurança do paciente, exemplo, escolhendo um ponto de partida para a reengenharia, 175-179
Knosp, Michael, 45-46, 49-50

L
lavar as mãos, 158-160
Lawler, Noelle, 45-46, 49-50
Lawson-Baker, Scharmaine, 66-67
Leadership Academy, exemplo (desenvolvimento de pessoas), 144-153
líderes do futuro, papel no desenvolvimento de pessoas, 144-153
Lindsey, Gene, 57-58, 60-61
listas de implementação
   desenvolvimento de pessoas, 153-155
   melhorias de processos, 129-132
   melhorias tecnológicas, 92-95
   reengenharia, 188-191
listas de verificação. *Ver* listas de implementação
locais para assistência ao paciente, mudanças de, 115-124
local de trabalho, visitas de médicos ao, 118-124
Lohnes, Maggie, 66-71, 79, 82-86, 90, 143-145

M

mapas de processo, criação, 188-191
médicos. *Ver* clínicos
Meenan, David, 45-46, 49-50
melhorias de processos, 29-30, 32-33
   consultas compartilhadas, 123-129
   educação do paciente, 109-113
   escala das, 98-102
   gestão de doenças crônicas, 112-116
   Harvard Vanguard Medical Associates Kenmore Center, exemplo, 50-57
   lista de implementação, 129-132
   locais de assistência ao paciente, 115-124
   Methodist Hospital System, exemplo (segurança do paciente), 165-168
   mudanças repetitivas, 105-109
   resultados rápidos *versus* tempos de adoção longos, 102-104
   solução de problemas *versus* mudanças sistêmicas, 104-106
melhorias tecnológicas, 32-33, 66-95
   evitar risco de falha, 167-168
   lista de implementação, 92-95
   Methodist Hospital System, exemplo (segurança do paciente), 158-165
   MultiCare Health System, exemplo (prontuários eletrônicos do paciente), 68-90
      atenção a detalhes, 84-86
      campeões, identificando, 79-80
      fase de preparação, 72-74
      implementação, única versus por fases, 86-88
      metodologias de gerenciamento de projetos, 80-82
      níveis de produtividade, protegendo, 81-84
      otimização contínua, 87-90
      papel dos clínicos no desenho/implementação, 75-79
      princípios norteadores, 73-75
      treinamento, 85-87
   Scharmaine Lawson-Baker, exemplo, 66-67
   sistema nacional de prontuários eletrônicos do paciente, 90-93
Mercy Health System, 116-118
Methodist Hospital System, exemplo (segurança do paciente), 158-171
   cultura de segurança, desenvolvendo, 168-171
   gestão da complexidade, 165-168
   melhorias tecnológicas, 158-165
metodologias de gerenciamento de projetos (prontuários eletrônicos do paciente, exemplo), 80-82
Montori, Victor M., 98, 107-108
Mount Sinai Medical Center, 36
mudanças repetitivas de melhorias de processos, 105-109
mudanças sistêmicas em melhorias de processos, 104-106
MultiCare Health System (prontuários eletrônicos do paciente, exemplo), 66-90
   atenção a detalhes, 84-86
   campeões, identificando, 79-80
   fase de preparação, 72-74
   implementação, única *versus* por fases, 86-88
   metodologias de gerenciamento de projetos, 80-82

otimização contínua, 87-90
papel dos clínicos no desenho/
implementação, 75-79
princípios norteadores, 73-75
treinamento, 85-87

N
National Committee for Quality
Assurance, 158-159
Neuwirth, Zeev, 36-63, 124-125,
127-129. *Ver também* Harvard
Vanguard Medical Associates
  inspiração com o sucesso alheio,
  134-138
  produtividade do departamento
  de ortopedia, exemplo, 99-102
  Pronto-Socorro do Lenox Hill
  Hospital, exemplo, 38-42
  reengenharia na cultura da saúde,
  56-63
níveis de produtividade, protegendo (prontuários eletrônicos do
paciente, exemplo), 81-84
Novant Health, 137-143
objetivos, estabelecendo,
190-191

O
otimização contínua (prontuários
eletrônicos do paciente, exemplo), 87-90

P
Pegus, Cheryl, 114-116, 180-182
PEP. *Ver* prontuários eletrônicos
do paciente, exemplo
perspectiva dos pacientes, escolhendo como ponto de partida
para a reengenharia, 183-186
"plataforma abrasante", 187

PME (prescrição médica eletrônica), 70-71, 163
ponto de partida para esforços
de reengenharia, escolhendo,
174-188
  áreas arriscadas, 175-179
  áreas de alto custo, 178-182
  carga de trabalho dos clínicos,
  181-184
  perspectiva dos pacientes,
  183-186
  tomada de decisões pragmática,
  187-188
prescrição médica eletrônica
(PME), 163
princípios norteadores (prontuários eletrônicos do paciente,
exemplo), 73-75
produtividade do departamento
de ortopedia, exemplo (escala de
mudanças de processo), 99-102
programa SPARC (Clínica Mayo),
exemplo (mudanças iterativas),
106-109
Projeto LEAD, 56-58
Pronto-Socorro do Lenox Hill
Hospital, exemplo, 38-43
prontuários eletrônicos do paciente, exemplo, 68-90
  atenção a detalhes, 84-86
  campeões, identificando, 79-80
  fase de preparação, 72-74
  implementação, única *versus* por
  fases, 86-88
  metodologias de gerenciamento
  de projetos, 80-82
  níveis de produtividade, protegendo, 81-84
  otimização contínua, 87-90
  papel dos clínicos no desenho/
  implementação, 75-79

princípios norteadores, 73-75
sistema nacional, 90-93
treinamento, 85-87
ProvenCare, 31-32

Q

qualidades necessárias para esforços de reengenharia, 196-198
qualidades superordenadas, necessárias para esforços de reengenharia, 196-198

R

reengenharia. *Ver também reforma da saúde*
    cultura da saúde e, 19-22, 56-63
    elementos em, 32-34
    escolhendo um ponto de partida, 174-188
        áreas arriscadas, 175-179
        áreas de alto custo, 178-182
        carga de trabalho dos clínicos, 181-184
        perspectiva dos pacientes, 183-186
        tomada de decisões pragmática, 188
    explicação, 28-31
    Geisinger Health System, exemplo, 31-32
    lista de implementação, 188-191
    melhorias de processos. *Ver melhorias de processos*
    melhorias tecnológicas. *Ver melhorias tecnológicas*
    necessidade de, no setor de saúde, 18-20
    qualidades necessárias para, 196-198
    Tom Knight, exemplo, 158-171
        cultura de segurança, desenvolvendo, 168-171
        gestão da complexidade, 165-168
        melhorias tecnológicas, 158-165
    Zeev Neuwirth, exemplo, 36-63
        abordagem de pessoas à reengenharia, 42-50
        abordagem de processos à reengenharia, 50-57
        Pronto-Socorro do Lenox Hill Hospital, exemplo, 38-43
Reengenharia: Revolucionando A Empresa (Champy e Hammer), 18, 28
reforma da saúde. *Ver também reengenharia*
    papel do governo na, 193-197
    papel dos seguros na, 193-197
    sistema ideal, descrição, 197-199
resultados rápidos em melhorias de processos, 102-104
"rondas de qualidade" (Methodist Hospital System, exemplo), 163-164

S

Safe Med, 137-143
saúde cara, escolhendo um ponto de partida para a reengenharia, 178-182
seguradoras, papel na reforma da saúde, 193-197
segurança do paciente, exemplo, 158-171
    cultura de segurança, desenvolvendo, 168-171
    escolhendo um ponto de partida para a reengenharia, 175-179
    gestão da complexidade, 165-168
    melhorias tecnológicas, 158-165
Shaw, George Bernard, 134
sistema de saúde ideal, descrição, 197-199

sistema nacional de prontuários eletrônicos do paciente, 90-93
solução de problemas de melhorias de processos, 104-106
Southwest Airlines, 183-184
Steele, Glenn, 31
Svenson, Joanne, 45-46
SymCare Personalized Health Solutions, 114-116, 180-181

T
tempos de adoção em melhorias de processos, 102-104
ThedaCare, 135-138
Thomas, Jack, 178-179
Toussaint, John, 136-137
Toyota, 17
trabalho, melhorando desempenho, 17-19

treinamento (prontuários eletrônicos do paciente, exemplo), 85-87
Tufts University, 38-39

U
U.S. Veterans Administration, 104-106
Universidade de Harvard, 22-23
University of Maryland, 22-23
University of Pennsylvania School of Medicine, 36

V
Veterans Administration Hospital (Bronx, Nova Iorque), 36

W
Whitworth, Jennifer, 45-46